Experiências étnico-culturais para a formação de professores

Coleção Cultura Negra e Identidades

Nilma Lino Gomes
Petronilha Beatriz Gonçalves e Silva
(ORGANIZADORAS)

Tradução do espanhol
Maria Antonieta Pereira

Tradução do inglês
Antonio Marcos Pereira

Experiências étnico-culturais para a formação de professores

3ª edição
1ª reimpressão

autêntica

Copyright © 2002 As organizadoras
Copyright © 2002 Autêntica Editora

Todos os direitos reservados pela Autêntica Editora. Nenhuma parte desta publicação poderá ser reproduzida, seja por meios mecânicos, eletrônicos, seja via cópia xerográfica, sem a autorização prévia da Editora.

COORDENADORA DA COLEÇÃO CULTURA NEGRA E IDENTIDADES
Nilma Lino Gomes

CONSELHO EDITORIAL
Marta Araújo (Universidade de Coimbra);
Petronilha Beatriz Gonçalves e Silva (UFSCAR);
Renato Emerson dos Santos (UERJ); *Maria Nazareth Soares Fonseca* (PUC Minas);
Kabengele Munanga (USP)

EDITORA RESPONSÁVEL
Rejane Dias

EDITORA ASSISTENTE
Cecília Martins

CAPA
Jairo Alvarenga Fonseca

REVISÃO
CILENE DE SANTIS

DIAGRAMAÇÃO
Waldênia Alvarenga Santos Ataíde

E97 Experiências étnico-culturais para a formação de professores / organizado por Nilma Lino Gomes e Petronilha Beatriz Gonçalves e Silva. – 3. ed. ; 1. reimp. – Belo Horizonte : Autêntica Editora, 2011. – (Coleção Cultura Negra e Identidades)

ISBN 978-85-7526-066-1

1. Educação 2. Cultura 3. Formação de professores I. Gomes, Nilma Lino. II. Silva, Petronilha Beatriz Gonçalves e. III. Título. IV. Série

CDU 37
008
002.053.2

Elaborada por Rinaldo de Moura Faria - CRB-6 nº 1006

Belo Horizonte
Rua Carlos Turner, 420
Silveira . 31140-520
Belo Horizonte . MG
Tel.: (55 31) 3465 4500

Televendas: 0800 283 13 22
www.grupoautentica.com.br

São Paulo
Av. Paulista, 2.073,
Conjunto Nacional, Horsa I
23º andar . Conj. 2301 .
Cerqueira César . 01311-940
São Paulo . SP
Tel.: (55 11) 3034 4468

Rio de Janeiro
Rua Debret, 23, sala 401
Centro . 20030-080
Rio de Janeiro . RJ
Tel.: (55 21) 3179 1975

SUMÁRIO

APRESENTAÇÃO..7

O DESAFIO DA DIVERSIDADE..11
   Nilma Lino Gomes e Petronilha Beatriz Gonçalves e Silva

A PLURALIDADE DE SER JUDEU...27
   Anete Abramowicz

DAS (IM)POSSIBILIDADES DE SE VER COMO ANJO..................................39
   Dagmar E. Estermann Meyer

NOSSA HERANÇA AFRICANA — REFLEXÕES DE UM EDUCADOR DO MALI
EM UMA UNIVERSIDADE HISTORICAMENTE NEGRA.................................55
   Hassimi O. Maiga

USANDO O PENSAMENTO AFRICANO E O
CONHECIMENTO NATIVO DA COMUNIDADE..61
   Joyce E. King

"MAS, AFINAL, PARA QUE INTERESSAM
A UM CIGANO AS EQUAÇÕES?"...73
   Márcia Ondina Vieira Ferreira

AFINAL, QUEM EDUCA OS EDUCADORES INDÍGENAS?..............................83
   Rosa Helena Dias da Silva

LENDO PEGADAS PARA CONSTRUIR O FUTURO......................................103
   Sonia Stella Araújo-Olivera

OS AUTORES...115

APRESENTAÇÃO

Nilma Lino Gomes

Diferentes olhares de pesquisadores e pesquisadoras brasileiros/as e de outras nacionalidades sobre a diversidade étnico-cultural na formação de professores/as. Este é o objetivo desta publicação. Cada autor e autora, a partir da sua vivência e perspectiva, traz a sua contribuição para o debate sobre a educação e os processos identitários, nos quais sempre estarão presentes as tensões, os conflitos e as negociações entre os semelhantes e os diferentes.

A consideração de que a diferença é constituinte da subjetividade e do processo de humanização vividos pelos professores, professoras, alunos e alunas é um ponto comum entre os autores e autoras. Ela também é considerada como uma forte dimensão da relação pedagógica, dos currículos e de todos os processos formadores e deformadores dos quais todos nós participamos.

Atentas a essa situação, Nilma Lino Gomes e Petronilha Beatriz Gonçalves e Silva no seu artigo *O desafio da diversidade* alertam para o fato de que diante da realidade cultural da educação e da escola brasileira e do quadro de desigualdades raciais e sociais do Brasil já não cabe mais aos educadores e às educadoras aceitarem a diversidade étnico-cultural só como mais um desafio. Segundo as autoras, a nossa responsabilidade social como cidadãs e cidadãos nos exige muito mais. Cobra-nos uma postura, uma tomada de posição diante dos sujeitos da educação que reconheça e valorize tanto as semelhanças quanto as diferenças como fatores imprescindíveis de qualquer projeto educativo e social que se pretenda democrático.

Anete Abramowicz aceita o desafio de escrever sobre *A pluralidade de ser judeu*, resgatando a memória e as vivências da sua própria infância, adolescência e juventude para pensar o trato das diferenças na escola. Propõe que, na educação escolar, as diferenças devam ser o mote das ações pedagógicas e não a tolerância. Segundo ela, "há que tornar a diferença uma positividade, uma afirmação", para que as práticas escolares sejam realmente educativas.

A partir da análise de um relato feito por uma professora negra, em evento de atualização de professores/as, o qual dá nome ao título do seu artigo, Dagmar E. Estermann Meyer discorre sobre *Das (im) possibilidades de ser ver como anjo...* A autora também discute as formas sutis de funcionamento de alguns dos mecanismos e estratégias desenvolvidos pela escola e pelo currículo em relação às diferenças, às desigualdades sociais e culturais. Aponta para a importância de se discutir e desvelar tais processos, em profundidade, nos cursos de formação de professores.

Hassimi O. Maiga, um professor negro, nascido em Mali (oeste da África), especialista em psicopedagogia e ensino da linguagem, descreve e analisa no artigo *Nossa herança africana – Reflexões de um educador do Mali em uma universidade historicamente negra* sobre a sua experiência com o ensino de francês e cultura songhay em uma universidade americana historicamente negra. O estudo sobre a "nossa herança africana" é o método utilizado pelo autor nos seus cursos, causando forte impacto identitário na vida dos alunos e alunas negros. A sua metodologia de ensino aborda a interconexão entre África, Europa e América, resultando em uma rica fonte de conhecimento e de resgate das referências culturais africanas para alunos afro-americanos que vivem na outra margem do oceano e desconhecem a riqueza tradição africana.

Joyce E. King descreve no artigo *Usando o pensamento africano e o conhecimento nativo da comunidade* o processo de ensino e de aprendizagem desenvolvido na disciplina *"Black Studies"*, em um curso de pós-graduação, com o objetivo de retomar a memória cultural negra. A autora parte do pressuposto de que a educação tende a levar a população negra a perder as bases da sua própria cultura, adquirindo culturas e ideologias estranhas. Na tentativa de reverter esse quadro utiliza-se, no processo de formação dos pesquisadores que participam da disciplina, referências do pensamento e de conhecimentos de comunidades tradicionais africanas, bem como incentiva-se os alunos e as alunas a desenvolver seus estudos junto a comunidades negras empobrecidas, buscando necessariamente a participação de seus integrantes.

Márcia Ondina Vieira Ferreira questiona: *"Mas, afinal, para que interessam a um cigano as equações?"* Essa é uma das indagações da autora surgida a partir de uma pesquisa por ela realizada sobre o processo de escolarização das crianças ciganas na Espanha. Márcia Ondina discorre sobre qual o lugar ocupado pelas culturas populares dentro da cultura escolar, denunciando as relações entre desconsideração das diferenças e processos de desigualdade social e fracasso escolar. Reivindica o espaço escolar como local de direito dos grupos desprivilegiados e apresenta algumas ideias a respeito da formação docente visando ao atendimento das diferenças culturais na escola.

Afinal, quem educa os educadores indígenas? é o questionamento feito por Rosa Helena Dias da Silva que gera uma análise e reflexão sobre esse campo dentro dos estudos sobre a formação de professores/as. A autora se coloca diante do desafio de reler os próprios escritos, além dos diversos Relatórios dos Encontros do Movimento dos Professores Indígenas da Amazônia, para refletir sobre a formação e o papel dos professores indígenas. O tema da autonomia indígena é tomado como referencial no marco das discussões realizadas pelos professores indígenas da Amazônia, seus esforços na construção de uma política indígena para a educação escolar e seu constante embate com as políticas de educação nacional.

A partir da sua experiência como mulher e professora uruguaia, Sonia Stella Araújo Olivera no seu artigo *Lendo pegadas para construir o futuro* reflete sobre os significados da educação de uma população de homens e mulheres, imigrantes e indígenas, negros e brancos. Para isso, ela se reporta às suas lembranças de aluna e professora na escola pública, discutindo a importância e as implicações de um processo de formação de professores/as que considere a diversidade étnico-cultural dos sujeitos do processo educativo. Discute também a responsabilidade dos educadores/as diante do currículo, para desvelar formas de segregação e discriminação social, étnica e de gênero.

A proposta de articular a formação de professores/as e a diversidade étnico-cultural nos traz, certamente, algumas indagações que não serão respondidas somente com a publicação de mais um livro, mas mesmo assim é pertinente formulá-las: será que o domínio do conteúdo, a didática, o bom manejo de classe, as metodologias do ensino, a leitura crítica dos currículos são suficientes para garantir uma igualdade de tratamento aos diferentes sujeitos presentes na escola? Ao conhecer a realidade dos alunos, as educadoras e os educadores têm-se debruçado com seriedade sobre as questões culturais, étnicas, raciais e de gênero? O que fazer para que seja superada a baixa autoestima, causada por situações de exposição a atitudes etnocêntricas, racistas e discriminatórias que deixam marcas profundas na história de vida de alunos/as e professores/as? Como essas marcas interferem na prática docente, nos comportamentos, na visão de mundo desses sujeitos? Como as diferenças étnicas, raciais e de gênero são vistas pelos sujeitos que as vivenciam de maneira mais contundente na sua vida cotidiana? Nos mais diversos processos de formação, os professores e as professoras são levados a refletir sobre essas questões? Eles têm acesso aos estudos e pesquisas que já investigaram tais questões?

Alguns desses questionamentos são colocados pelos autores e autoras na sua própria vivência pessoal e profissional, e compartilhados com os leitores nas páginas deste livro. Mais do que dar indicações de como a diversidade deve ser tratada na escola, o conjunto de artigos aqui reunidos traz reflexões de homens e mulheres, profissionais da educação, construídas nas vivências, nos conflitos e nas experiências por eles desenvolvidos nos mais variados espaços: a militância política, a prática docente, os trabalhos e pesquisas acadêmicos e a vida cotidiana. É um compartilhar com um objetivo claro: falar da importância e da responsabilidade que o trato da diferença acarreta para todos/as nós que assumimos a educação como prática profissional e compromisso social.

Que bons ventos nos tragam essas reflexões! E que a diversidade possa ser vista por nós como um colorido cata-vento capaz de trazer para o campo da educação novos ares, novas cores, novos sentidos e sentimentos, impulsionando-nos em direção à liberdade, à construção da igualdade social e ao respeito às diferenças.

O DESAFIO DA DIVERSIDADE

Nilma Lino Gomes
Petronilha Beatriz Gonçalves e Silva

Quanto mais complexas se tornam as relações entre educação, conhecimento e cotidiano escolar; cultura escolar e processos educativos; escola e organização do trabalho docente mais o campo da Pedagogia é desafiado a compreender e apresentar alternativas para a formação dos seus profissionais. Os pesquisadores e as pesquisadoras da área também são desafiados a realizar estudos e pesquisas na tentativa de melhor compreender esses processos. Porém, ainda faltam estudos que articulem a formação de professores/as e outras temáticas tão caras à escola e aos movimentos sociais. A diversidade étnico-cultural é uma delas.

As tentativas de introdução da diversidade étnico-cultural na produção teórica sobre os processos de formação de professores/as começam a aparecer com mais destaque a partir dos anos 90. Até aquela época não era raro encontrar entre os pesquisadores e pesquisadoras interessados pelo tema uma reclamação constante sobre a ausência de bibliografia específica. Atualmente, embora ainda seja restrito, não há como negar o crescente aumento de pesquisas nessa área, assim como do interesse de pesquisadores/as, professores/as e do mercado editorial.

No entanto, apesar do progressivo interesse do campo educacional em discutir a diversidade étnico-cultural, ainda encontramos afirmações de que o lento investimento nessa temática deve-se à sua atualidade, o que podemos discordar, pois o fato de a educação passar a se interessar por algumas questões problematizá-las não quer dizer que por isso elas se tornem atuais. Há muito a diversidade tem sido estudada pelas Ciências Sociais, sobretudo, pela Antropologia. O que assistimos, hoje, é ao reconhecimento, dentro de alguns segmentos do campo educacional, da grande lacuna que a não inclusão da diversidade cultural na formação dos professores/as e no currículo escolar tem acarretado à educação brasileira, principalmente, à escola pública.

Formação de professores: um processo complexo

Sabemos que a formação de professores/as não comporta um conceito unívoco. Problematizar e discutir tal processo implica ter presentes dimensões diversas e considerar as diferentes leituras, interpretações e posições teóricas dos autores e das autoras que tematizam esse campo.

Carlos Macedo Garcia (1995) salienta que a formação de professores deve proporcionar situações que possibilitem a reflexão e a tomada de consciência das limitações sociais, culturais e ideológicas da própria profissão docente. Assim, mostra que existe uma variedade de paradigmas de formação de professores/as, impregnados, cada um deles, de concepções diferentes de professor, expressas por qualificativos como: tradicional, centrado nas competências, personalista ou orientado para a investigação. Tais paradigmas também orientam diferentes imagens que se formam sobre o professor, destacando-o como pessoa, colega, companheiro, implementador do currículo, sujeito que toma decisões, entre outros. Independentemente das concepções adotadas e das imagens assumidas, há que ter presente que o formar-se professor dá-se num processo contínuo, seja nas fases distintas do ponto de vista curricular realizadas durante a formação inicial, seja na progressiva educação, proporcionada pelo exercício da profissão. Em outras palavras, trata-se de um processo que tem de manter princípios éticos, didáticos e pedagógicos comuns independentemente do nível de formação e da fase em que seja desenvolvido.

Dessa forma, tem que ser mantida uma conexão entre a formação inicialmente recebida nas instituições de ensino e a que se dá em continuidade, ao longo da vida profissional. Isto, porque aquela oferece importantes referências, a partir das quais os/as professores/as vão construindo a ação pedagógica, ao questionar, superar, recriar as referências primeiras. Manter essa conexão significa, no dizer de Hilda Monteiro (2001), respeitar os saberes de que os professores e as professoras são portadores.

Garcia (1995) ainda chama a atenção para a utilização do conceito de desenvolvimento profissional dos professores no lugar de outros como: aperfeiçoamento, reciclagem, formação em serviço e formação permanente. No seu entender, esse conceito possui uma conotação de crescimento e continuidade que supera a tradicional justaposição entre formação inicial e aperfeiçoamento de professores. Pressupõe, pois, a valorização dos aspectos contextuais, organizativos, pedagógicos, orientado-os para a mudança, quando é o caso, e rompendo com o caráter individualista das atividades de aperfeiçoamento. Sem dúvida alguma, esse conceito contém aportes necessários para se conceber, implantar e avaliar iniciativas para formação de professores, numa sociedade plural como a brasileira.

António Nóvoa (1995) também introduz pontos importantes a serem considerados ao se abordar questões relativas ao preparo de professores sobretudo para atuar em contextos de diversidade social e cultural. Segundo o autor, mais do que um lugar de aquisição de técnicas e de conhecimentos, a formação de professores é o momento crucial da socialização e da configuração profissional. Essa pode desempenhar um papel importante na formação de uma "nova profissionalidade" docente, estimulando a emergência de uma cultura profissional entre o professorado e de uma cultura organizacional entre as escolas.

Verifica-se um empenho entre alguns autores que se dedicam ao estudo da formação de professores/as para superar a visão estática, conteudista, limitada ao domínio de métodos e técnicas de ensino ainda presente na formulação de cursos e de outras atividades de mesma natureza. Há, também, um movimento de reconhecer que todas as fases da formação de professores e professoras possuem importância e sentido, desmitificando a supervalorização da formação inicial. Essas posturas ajudam a esclarecer que os/as professores/as, ao se inserirem no processo de formação inicial, já trazem consigo valores, conhecimentos e competências acerca do universo profissional e social em que irão atuar, embora muitas vezes construídos a partir de preconceitos e estereótipos. É indispensável, pois, que os centros de formação considerem esses valores e saberes, buscando conhecê-los e analisá-los conjuntamente com os seus alunos/as, que também deles são portadores/as.

Ao articular as questões levantadas por autores que privilegiam a relação entre a formação de professores, os saberes, os valores, a cultura e as histórias de vida, vemo-nos diante de um processo complexo, que ultrapassa a simples questão curricular. É dentro dessa perspectiva e dessa postura política e profissional que a articulação entre formação de professores/as e diversidade étnico-cultural pode ser entendida como um importante desafio para o campo da educação e como mais uma competência pedagógica a ser construída e praticada pelos educadores e educadoras. Ela diz respeito à identidade do professor e da professora, enquanto agentes pedagógicos e políticos, com direitos e deveres não só de executar políticas educacionais, mas de participar de sua concepção e avaliação.

Nesse contexto sempre é bom relembrar a contribuição teórico-metodológica de Paulo Freire (1978, entre outros), que examinada e criticada na perspectiva da formação de professores/as muito pode apoiar a interpretação das relações que ocorrem nas sociedades plurais e diversas culturalmente, bem como as intervenções que nelas se propuserem a realizar.

Entre as perspectivas que se têm aberto para o estudo da formação de professores/as, vêm encontrando interesse crescente aquelas que focalizam as histórias de vida, o desenvolvimento profissional, a formação de professores reflexivos e de novas mentalidades. Questões, até pouco tempo, não levadas seriamente em conta, mas que as pesquisas e os debates de caráter pedagógico relativos à construção das identidades, valores, ética, religião, relações de gênero, de raça, de trabalho têm mostrado serem relevantes dimensões na atuação profissional dos/as professores/as. É nesse ponto que a diversidade étnico-cultural começa a ser reconhecida como uma questão (mais do que uma temática) que precisa ser articulada à formação de professores/as e às práticas educativas escolares e não escolares.

Podemos tomar como exemplo os rumos das pesquisas no campo da Didática e da Prática de Ensino. Cabe assinalar como significativo o VIII Encontro Nacional de Didática e Prática de Ensino – ENDIPE, realizado no ano de 1996, e que teve como tema: Formação e Profissionalização do Educador. Analisando os anais do encontro pôde-se identificar quinze resumos de painéis apresentados durante o evento, os quais encontravam-se incluídos nos eixos temáticos: Teoria da Didática e Ensino e Pesquisa em Didática: Metodologias e Prática de Ensino. Os trabalhos inscritos e aprovados para apresentação dentro desses eixos temáticos traziam questões como: trabalho e subjetividade, avaliação, subjetividade e poder, representações dos alunos, sexualidade, memória de professores, espaço e tempo, cultura, marginalidade, religião, gênero e raça.[1]

Esses painéis, resultado de pesquisas no campo da formação de professores/as, manifestam a inclusão de temáticas sociais e culturais, extrapolando uma concepção fechada de didática, de prática de ensino e de saberes escolares. Os pesquisadores e as pesquisadoras propuseram-se a investigar dimensões simbólicas, situações conflitantes e processos tensos vivenciados por professores/as e alunos/as nas relações sociais os quais estão intimamente relacionados com a escola e o fazer educativo e, por isso mesmo, não podem ficar distantes da reflexão e investigação educacional.

No ano de 2002, constatamos que a crescente incorporação da diversidade no campo da formação de professores/as ou pelo menos a existência de um movimento em sua direção já está dando resultado. É significativo o fato de que o tema do XI ENDIPE tenha sido Igualdade e Diversidade na Educação. A proposta do encontro era de que a diversidade cultural fosse *a questão* a ser refletida, debatida e problematizada.

---

[1] Os trabalhos selecionados foram:

ASSUNÇÃO, Maria Madalena Silva de. *Relações de gênero e suas ressonâncias na escolha profissional, formação e prática docente das professoras primárias* (UFMG);

BORGES, Cecília Maria, TORRES, Céres Maria e MEDEIROS, Rita de Cássia. *Memórias da escola* (UFPEL);

CABRAL, Juçara Terezinha. *A sexualidade no mundo ocidental* (UDESC/SESC-SC);

CARNEIRO, Maria Helena da Silva. *Atitude dos professores face as representações dos alunos* (UnB);

CORAZZA, Sandra Mara. *Planejamento de Ensino como estratégia de política cultural* (UFRGS);

GOMES, Geraldo da Silva. *Educação e religião: a escola que não é um lar cristão* (UT-T0);

GOMES, Nilma Lino. *Raça e gênero: o desafio de repensar o trabalho docente* (UFMG);

GONÇALVES, Luiz Alberto Oliveira. *Trabalho docente e subjetividade: embate teórico e novas perspectivas* (UFMG);

MARTINS, Maria José Bastos. *As meninas marginalizadas e a escola* (UEPG);

MEKSENAS, Paulo. *A escola secundária na memória de professores* (UFSC);

MERLO, Andréia Todeschini e MIRANDOLA, Carla Giovanna Cardarello. *Tema cultural: uma alternativa para analisar os discursos acerca da infância escolar* (UFRGS);

NUNES, César Aparecido. *Filosofia, sexualidade e educação sexual* (UDESC e PUCAMP);

OLIVEIRA, Helenara de. *Planejamento docente: uma prática articulada com o tema cultural* (UFRGS);

OSOWSKI, Cecília (org.). *Avaliação, subjetividade e poder* (UNISINOS);

SOARES, Maria da Graça. *Educação sexual no ensino de graduação e de pós: uma experiência compartilhada* (UDESC);

O desafio para o campo da didática e da formação dos professores no que se refere à diversidade é pensá-la na sua dinâmica e articulação com os processos educativos escolares e não escolares e não transformá-la em metodologias e técnicas de ensino para os ditos "diferentes". Isso significa tomar a diferença como um constituinte dos processos educativos, uma vez que tais processos são construídos por meio de relações socioculturais entre seres humanos e sujeitos sociais. Assim, podemos concluir que os profissionais que atuam na escola e demais espaços educativos sempre trabalharam e sempre trabalharão com as semelhanças e as diferenças, as identidades e as alteridades, o local e o global. Por isso, mais do que criar novos métodos e técnicas para se trabalhar com as diferenças é preciso, antes, que os educadores e as educadoras reconheçam a diferença enquanto tal, compreendam-na à luz da história e das relações sociais, culturais e políticas da sociedade brasileira, respeitem-na e proponham estratégias e políticas de ações afirmativas que se coloquem radicalmente contra toda e qualquer forma de discriminação.

Ao assumirmos essa postura é preciso também considerar que a proposta de construção de uma pedagogia multicultural, que valorize e respeite as diferenças, significa lidar com os conflitos, os confrontos, as desigualdades. Para se construir experiências de formação de professores/as que incorporem e visem a uma educação multicultural que respeite as diferenças é preciso discutir-se as lutas sociais e inserir-se nelas.

Segundo Miguel Arroyo (1996), as preocupações com a formação do professor e da professora têm-se concentrado nas análises e estudos que dizem respeito à elevação da qualidade da escola e do/a professor/a, requalificando-o/a como profissional, tornando-o/a mais eficiente no domínio dos conteúdos curriculares, das metodologias de ensino e nos mecanismos de avaliação até torná-lo/a mais competente na gestão da escola e de seus poucos recursos. Para atingir esses objetivos, remodelam-se os cursos de magistério, pedagogia e licenciatura e investe-se na requalificação em serviço.

Entretanto, os avanços que vêm ocorrendo no campo da educação e que resultam na abertura de novas frentes de pesquisa e na sua articulação com o movimento docente e pedagógico apontam para intervenções mais profundas. Segundo o autor, o que caracteriza esse movimento é o repensar da função social e cultural da escola, sobretudo, da educação básica. Nessa direção está colocada a necessidade de repensar o papel social e cultural do professor e da professora, redefinir com maior seriedade a sua formação, assim como as políticas das instituições onde esta sempre aconteceu.

Assim, ainda existe muito que pesquisar e avançar nas análises e propostas de cursos para formação de professores e de professoras tanto nas instituições acadêmicas quanto nos centros de formação ligados às secretarias de educação. O movimento da sociedade atual exige da escola, dos docentes e dos formadores de professores/as a inclusão, no campo da formação de professores/as, de temáticas históricas que sempre foram relegadas a um plano secundário. É aqui que encontramos as demandas mais recentes de articulação entre formação de professores/as e a diversidade étnico-cultural. É aqui que encontramos, também, trabalhos e pesquisas que se propõem ampliar, renovar e problematizar a educação, à luz não somente dos processos sociais, históricos, políticos e econômicos mas sobretudo culturais e raciais.

Diversidade étnico-cultural: uma necessidade e um desafio

Inserir essa complexa problemática na produção teórico-metodológica educacional pressupõe uma nova concepção de educação e de formação. Uma concepção que entenda o profissional da educação enquanto sujeito sociocultural, ou seja, aquele que atribui sentido e significado à sua existência, a partir de referências pessoais e coletivas, simbólicas e materiais e que se encontra inserido em vários processos socializadores e formadores que extrapolam a instituição escolar. Muitas vezes, esses processos apresentam-se como referência e orientação para a prática docente mais do que aqueles que acontecem pela via institucional. Essa afirmação não significa um menosprezo aos processos institucionais de formação. Representa um alerta para que não reduzamos as nossas análises educacionais somente à educação escolar, desconsiderando os processos culturais, sociais e políticos mais amplos, constituintes de toda experiência humana.

Acreditamos que o campo da educação deve ser compreendido de forma articulada com as lutas sociais, políticas e culturais que se desenrolam na sociedade. O direito à educação escolar sempre foi uma bandeira de luta daqueles que empenham esforços pela justiça e pela igualdade social. Assim como as comunidades reivindicam o direito de acesso aos bancos escolares e à realização de estudos com sucesso; os docentes, ao atuarem nos seus movimentos, requerem, além de melhores salários e condições de trabalho, o direito a prosseguir sistematicamente sua formação. Esses profissionais também criticam e cobram dos centros de formação que estes estejam sintonizados com a atual dinâmica social e cultural.

A educação escolar, entendida como parte constituinte do processo de humanização, socialização e formação, tem, pois, de estar associada aos processos culturais, à construção das identidades de gênero, de raça, de idade, de escolha sexual, entre outros.

A sociedade brasileira é pluriétnica e pluricultural. Alunos, professores e funcionários de estabelecimentos de ensino são, antes de mais nada, sujeitos sociais – homens e mulheres, crianças, adolescentes, jovens e adultos, pertencentes a diferentes grupos étnico-raciais, integrantes de distintos grupos sociais. São sujeitos com histórias de vida, representações, experiências, identidades, crenças, valores e costumes próprios que impregnam os ambientes educacionais por onde transitam com suas particularidades e semelhanças, compondo o contexto da diversidade. Por isso ao planejar, desencadear e avaliar processos educativos e formadores, não podemos considerar a diferença como um estigma. Ela é, sim, mais um constituinte do nosso processo de humanização. Por meio dela, nós nos tornamos partícipes do complexo processo da formação humana.

Dessa forma, as escolas, os educadores e educadoras que, no seu cotidiano profissional lutam para desenvolver projetos, experiências e atividades pedagógicas em prol da diversidade deveriam ser levados mais a sério pelos centros de formação de professores e pelas secretarias de educação. Quem sabe, em vez desses últimos proporem currículos multiculturais de cima para baixo, eles poderiam antes mapear, conhecer e dialogar com as escolas e/ou coletivos de professores/as que já aceitaram o desafio de construir e implementar propostas voltadas para uma pedagogia da diversidade e assim construir uma proposta mais coletiva.

O não reconhecimento da importância dessa realidade tem afastado muitas propostas de formação dos professores/as do desenvolvimento profissional desses sujeitos tanto na dimensão individual quanto na coletiva. Segundo Nóvoa (1995), isso decorre de um lado pelo fato de não se considerar que a lógica da atividade educativa nem sempre coincide com as dinâmicas próprias da formação; e de outro, de não se valorizar a articulação entre programas de formação e projetos pedagógicos e culturais das escolas, embora sejam essas consideradas como organizações dotadas de margens de autonomia e de decisão cada vez mais importantes.

Maria Célia Cota (1997) e Raquel de Oliveira (2001) constataram o quanto os/as professores/as na sua formação são direcionados a executar decisões tomadas sem a sua própria participação e colaboração, sendo impelidos a empregar procedimentos de ensino e textos didáticos elaborados por autores alheios às realidades em que atuam. Ao agirem dessa forma, esses professores e professoras perdem e muito na sua atuação como sujeitos e profissionais. Por outro lado, quando os cursos de formação não se colocam atentos à essas práticas "deformadoras", repetitivas e esvaziadas de sentido, eles se afastam totalmente de uma proposta e de uma prática profissional digna e realmente educativa.

"O professor é uma pessoa; e uma parte importante da pessoa é o professor", afirma António Nóvoa (1995), citando Jennifer Nias (1991). Ao realizar essa citação o autor chama a nossa atenção para um aspecto de fundamental importância no processo de formação: os espaços de interação entre as dimensões da vida pessoal e profissional. Ao atribuir importância a essa interação, podemos construir práticas pedagógicas que incentivem os/as professores/as a assumir responsavelmente sua formação, dando-lhes um sentido não somente para sua vida particular, mas também para o grupo profissional a que pertencem, e igualmente para as comunidades junto às quais desenvolvem seu trabalho. Assim sendo, toda e qualquer oportunidade de constituição do "ser professor/a" tem de considerar aspectos subjetivos, relações étnico/raciais, de gênero, geracionais e de classe.

O desafio da diversidade

Enquanto um processo que faz parte da nossa humanização, a diversidade étnico-cultural é uma característica marcante em qualquer sociedade. Ela está presente nas relações que estabelecemos no mundo do trabalho, na família, nos espaços de lazer, na escola e demais locais e instituições. Ela sempre participará da nossa vida pois é um constituinte da nossa formação como seres humanos e sujeitos socioculturais.

Contraditoriamente, por mais fascinante e desafiadora que a presença da diversidade possa parecer, o trato não segregador e não discriminatório das diferenças ainda é uma postura política e profissional ausente de muitas práticas pedagógicas e de vários processos de formação de professores/as.

Apesar de reconhecermos que aconteceram alguns avanços nesse campo, a inserção da discussão sobre a diversidade no campo da formação de professores/as ainda fica restrita ao interesse específico de alguns profissionais, cujo investimento se dá devido à sua própria história de vida, pertencimento étnico/racial, postura política, escolha pessoal, desejo e experiências cotidianas que aguçam a sua sensibilidade diante da diferença, trazendo-lhes de forma contundente a importância da inserção dessa discussão na prática escolar.

Esse fato vem reforçar o argumento de que a diversidade étnico-cultural está relacionada ao resgate do sujeito. Ela sempre esteve presente nas mais diversas formas de organização social e nos mais diferentes processos históricos e nos indica que as crenças, as tradições, os valores e as regras existentes em todo e qualquer grupo social sempre foram mediadas não somente pelas relações de poder e de dominação mas, também, pela religião, a etnia/raça, o gênero, a idade, entre outros.

A diversidade étnico-cultural nos mostra que os sujeitos sociais, sendo históricos, são, também, culturais. Essa constatação indica que é necessário repensar a nossa escola e os processos de formação docente, rompendo com as práticas seletivas, fragmentadas, corporativistas, sexistas e racistas ainda existentes.

A prática docente, os recentes estudos sobre a formação de professores/as, a relação escola, currículo e cultura vêm nos mostrando que além das questões de ordem econômica, social, pedagógica e linguística convivem, conflituosamente, no cotidiano escolar, outras questões relacionadas à estrutura excludente da escola, aos valores da infância e da juventude, à violência das sociedades modernas, às novas formas de exclusão social, ao tratamento dado às identidades de idade, gênero e raça.

A diversidade como uma questão para a educação e para a sociedade não é mérito de pesquisadores/as iluminados/as, de currículos emergentes e nem de centros de formação com propostas inovadoras. Antes, ela é fruto da ação dos sujeitos no interior da sociedade e nos movimentos sociais. É resultado da luta desses mesmos sujeitos pela construção de espaços públicos e pelo tratamento democrático e igualitário às diferenças. E são os profissionais da educação, os centros de formação, as propostas político-pedagógicas sensíveis a essa dinâmica social e cultural que desenvolvem, participam, refletem e recolhem essas experiências e, a partir de uma análise político-pedagógica, as insere na prática educativa escolar. Assim, pensar a diversidade étnico-cultural na formação de professores/as implica dar destaque aos sujeitos e às suas vivências nos processos históricos e socioculturais que acontecem dentro e fora da escola.

Não podemos nunca deixar de considerar que a inserção dessas discussões no campo da educação deve muito à luta dos movimentos sociais pela superação da discriminação social, racial e de gênero na sociedade e na escola. Essa luta tem influenciado até mesmo as políticas educacionais mais amplas. Mas até que ponto essas demandas têm encontrado ressonância nas políticas de formação de professores/as? Os movimentos sociais sempre estiveram mais sensíveis à diversidade do que a escola e o E stado brasileiro. Podemos dizer que a atuação de movimentos como o de Mulheres, dos Negros, dos Povos Indígenas, dos Sem Terra trouxe com objetividade a questão da diversidade para a sociedade e tem pressionado a escola brasileira. Mais do que isso, a atuação desses movimentos começa a influenciar o nosso pensamento educacional.[2]

Estudos como os de Antônio Flávio Barbosa Moreira (1994), Nilma Lino Gomes (1995), Tomaz Tadeu da Silva (1995), Petronilha Beatriz Gonçalves e Silva (1996), Miguel Arroyo (2000) e muitos outros vêm discutindo a existência de uma relação estreita entre cultura e conhecimento, entre a diversidade étnico-cultural e os complexos processos de apreensão e construção do conhecimento. Apontam para o fato de que a diversidade étnico-cultural é mais do que uma questão colocada à sociedade, à escola e ao currículo para ser tratada sem preconceitos. Ela é um componente dos processos de socialização,

---

[2] Consultar: GOMES, Nilma Lino. "A contribuição do negro no pensamento educacional brasileiro". In: SILVA, Petronilha B. G.; BARBOSA, Lúcia M. A. (Org.). *O Pensamento negro em Educação no Brasil; Expressões do Movimento Negro.* São Carlos, EDUFSCar, 1997, p. 17-30; COSTA, Sidiney Alves. Contribuição do MST para (Re)Pensar a Educação e a Escola. In: SILVA, Petronilha B. G. e; CÂMARA, Engels; MONTEIRO, Hilda. *Multiculturalismo e Ensino fundamental; da pesquisa à sala de aula.* São Carlos, UFSCar- Núcleo de Estudos Afro-Brasileiros, 2001. p. 3-5. (Divulgação restrita).

de conhecimento e de educação. Sem compreendê-la e assumi-la não equacionaremos profissionalmente os processos educativos. Reconhecê-la é assumir uma nova relação com os processos de construção do conhecimento, dos valores e das identidades. É assumir uma nova postura profissional.

Mas para avançar na discussão do trato pedagógico da diversidade é preciso saber o que pensam os/as professores/as e os/as aluno/as sobre o assunto. É preciso se aproximar desses sujeitos como sujeitos e não só como profissionais, e chegar ao cerne das questões relacionadas à construção das diferentes identidades. Estamos desafiados a entender como os professores e as professores se educam e constroem as suas identidades para além dos processos educativos formais. Como nos diz Nóvoa (1995), o processo de formação depende dos caminhos educativos mas não se deixa controlar pela pedagogia, correndo o risco de tornar-se asfixiado.

A introdução de novas perspectivas na pesquisa educacional abre espaço para a compreensão de que os educadores/as e os/as educandos/as são sujeitos socioculturais envolvidos em processos de aprendizagem e de conhecimento. Sujeitos esses que trazem valores, identidades, emoções, memória, cultura para os complexos processos de construção dos saberes.

Essa mudança de ênfase traz sérias consequências para a formação de professores/as. Exige que se criem competências para habilitar os professores e as professoras na compreensão e no domínio dos processos de construção e apreensão dos saberes sociais e culturais. Exige, também, que os centros de formação desenvolvam uma competência teórica e prática que seja capaz de acompanhar as diferentes formas de aprender e de conhecer e as peculiaridades dos sujeitos socioculturais a fim de entender como se dá a construção social e cultural dos professores, das professoras, dos alunos e das alunas enquanto sujeitos.

Não cabe, nessa perspectiva, a ênfase na formação de professores e de professoras centrada em um tipo de qualificação que privilegie pela homogeneização, uniformidade dos currículos, dos saberes, dos métodos, da avaliação e da organização da escola. Faz-se necessário formar professores e professoras que saibam lidar pedagogicamente com a diversidade. Mas será que isso é possível?

A formação para a diversidade é requerida pelo que há de mais avançado no movimento docente, nas ciências humanas e nos recentes estudos culturais produzidos no campo da educação. Ela nos coloca a difícil questão: como formar profissionais que compreendam a educação escolar como um direito social e que ao mesmo tempo sejam habilitados ao trato pedagógico da diversidade de cultura, de valores, de práticas, de aprendizagem, de gênero, de raça, de idade constituintes da nossa formação social e histórica?

A formação de professores/as para a diversidade não significa a criação de uma "consciência da diversidade", antes, ela resulta na propiciação de espaços, discussões e vivências em que se compreenda a estreita relação entre a diversidade étnico-cultural, a subjetividade e a inserção social do professor e da professora os quais, por sua vez, se prepararão para conhecer essa mesma relação na vida dos seus alunos e alunas. Assim, poderemos possibilitar momentos formadores na escola, nos centros de formação e na universidade em que estejam presentes as reflexões sobre o reconhecimento, a aceitação do outro, os preconceitos, a ética, os valores, a igualdade de direitos e a diversidade. Esses são componentes essenciais à educação. Quem sabe, quando o campo da educação compreender melhor que o uno e o múltiplo, as semelhanças e as diferenças são condições próprias dos seres humanos, os educadores e as educadoras poderão ser mais capazes de reconhecer o outro como humano e como cidadão e tratá-lo com dignidade.

Ao analisar as histórias de vida de professoras negras, Nilma Lino Gomes (1995) discute que essas mulheres lidam com um difícil processo de autorreconhecimento da sua identidade étnica. Essa dificuldade é resultado da vivência de práticas racistas e discriminatórias na infância, adolescência, juventude e idade adulta nos mais variados espaços sociais. A escola é um desses espaços e exerce um peso nesse processo. Essa é uma questão que não pode ficar ausente da discussão sobre formação de professores/as. Ao considerá-la, poderemos levantar vários questionamentos sobre a nossa prática: que caminhos construir para reconhecer e valorizar o outro na sua diferença quando vemos essa diferença como uma marca de inferioridade? Como respeitar o outro na sua diferença quando essa não é aceita por ele mesmo?

Urge a discussão sobre a construção de uma postura ética dos educadores e das educadoras no que diz respeito a essa e tantas outras questões em torno da diversidade. O trato da diversidade não pode ficar a critério da boa vontade ou da intuição de cada um. Ele deve ser uma competência político-pedagógica a ser adquirida pelos profissionais da educação nos seus processos formadores, influenciando de maneira positiva a relação desses sujeitos com os outros tanto na escola quanto na vida cotidiana.

Não há como negar que discutir sobre a formação de professores/as e diversidade étnico-cultural é uma tomada de posição repleta de complexidade, contradições, desafios e tensões. Questões como multiculturalismo, racismo, preconceito, discriminação racial e de gênero, etnocentrismo, ética, religiosidade, subjetividade, identidades e de que forma se encontram relacionadas à vida e às práticas dos sujeitos que vivenciam o cotidiano escolar precisam ser abordadas com mais destaque pela produção teórica educacional.

Petronilha B. Gonçalves e Silva (1996, p. 168) ao discutir sobre práticas do racismo e formação de professores afirma que

> [...] as práticas racistas constroem-se e são reiteradamente repetidas a partir de preconceitos, frutos da ignorância que grupos étnicos tido como superiores têm acerca da história das organizações e modo de vida daqueles considerados inferiores.

É ainda essa autora que nos diz que as marcas da cultura africana são tais, no Brasil, que, independentemente da nossa ascendência étnica, elas passam a fazer parte de nós.

Reconhecer esse fato, certamente, não significa negar as marcas das outras culturas que fazem parte do nosso jeito de ser e de viver como brasileiros/as. Representa a aceitação de uma de nossas raízes, tão omitida e negada a ponto de seus principais representantes, ou seja, os descendentes de africanos, serem vistos há mais de 500 anos com lentes seletivas, preconceituosas e ainda serem diariamente discriminados. Essas são algumas dentre as muitas questões que precisam ser discutidas, debatidas e refletidas nos mais diversos processos de formação de professores/as.

Diante realidade cultural da educação e da escola brasileira e do quadro de desigualdades raciais e sociais do Brasil já não cabe mais aos educadores e às educadoras aceitarem a diversidade étnico-cultural só como mais um desafio. A nossa responsabilidade social como cidadãs e cidadãos exige mais de nós. Ela exige de todos nós uma postura e uma tomada de posição diante dos sujeitos da educação que reconheça e valorize tanto as semelhanças quanto as diferenças como fatores imprescindíveis de qualquer projeto educativo e social que se pretenda democrático.

Referências

APPLE, Michael W. *Ideologia e currículo*. São Paulo: Brasiliense, 1982.

APPLE, Michael W. "Currículo e Poder". *Educação e Realidade*. Porto Alegre, v.14, n.2, jul./dez., 1989, p. 46-57.

APPLE, Michael W. WEIS, Lois. "Vendo a educação de forma relacional: classe e cultura na sociologia do conhecimento escolar". *Educação e Realidade*. Porto Alegre, v.11, n.1, jan./jun., 1986, p. 19-33.

ARROYO, Miguel G. "Assumir nossa diversidade cultural". *Revista de Educação AEC*. ano 25, n.98, jan./mar., 1996, p. 42-50.

ARROYO, Miguel G. *Formação de professores: construindo um campo de pós-graduação*. Belo Horizonte, 1996. (mimeogr.).

ARROYO, Miguel G. *Ofício de mestre; imagens e auto-imagens*. Petrópolis: Vozes, 2000.

CANDAU, Vera Maria. "Pluralismo cultural, cotidiano escolar e formação de professores". In: *VIII Endipe*, Anais, v. II, Florianópolis, 1996.

COSTA, Sidiney Alves. "Contribuição do MST para (Re)Pensar a Educação e a Escola". In: SILVA, Petronilha B. G. e; CÂMARA, Engels; MONTEIRO, Hilda. *Multiculturalismo e Ensino fundamental; da pesquisa à sala de aula*. São Carlos: UFSCar-Núcleo de Estudos Afro-Brasileiros, 2001, p. 3-5. (Divulgação restrita).

COTA, Maria Célia. *Formação de Professores: construção e Reconstrução do Fazer docente*. São Carlos: Universidade Federal de São Carlos, 1997. (Tese de doutorado).

ENCONTRO Nacional de Didática e Prática de Ensino -VIII ENDIPE. Anais, v.II, Florianópolis: NUP/CED/UFSC, 1996.

FREIRE, Paulo. *Pedagogia do oprimido*. São Paulo: Paz e Terra, 1978.

GARCIA, Carlos Macedo. "A formação de professores: novas perspectivas baseadas na investigação sobre o pensamento do professor". In: NÓVOA, António.(coord.) *Os professores e sua formação*. Lisboa: Dom Quixote, 1995.

GOMES, Nilma Lino. *A mulher negra que vi de perto; o processo de construção da identidade racial de professoras negras*. Belo Horizonte: Mazza Edições, 1995.

GOMES, Nilma Lino. "Escola e diversidade étnico-cultural: um diálogo possível". In: DAYRELL, Juarez (Org.). *Múltiplos Olhares sobre educação e cultura*. Belo Horizonte: UFMG, 1996.

GOMES, Nilma Lino. "A contribuição do negro no pensamento educacional brasileiro. In: SILVA, Petronilha B. G. e; BARBOSA, Lúcia M. A. (Org.). *O pensamento negro em Educação no Brasil; Expressões do Movimento Negro*. São Carlos: EDUFSCar, 1997, p. 17-30.

GOMES, Nilma Lino. "Educação cidadã, etnia e raça: o trato pedagógico da diversidade". In: CAVALLEIRO, Eliane (Org.). *Racismo e anti-racismo na educação; repensando nossa escola*. São Paulo: Selo Negro, 2001, p. 83-96.

GOMEZ, Angel Pérez. "O pensamento prático do professor: a formação do professor como profissional reflexivo". In: NÓVOA, António (coord.). *Os professores e sua formação.* Lisboa: Dom Quixote, 1995.

GONÇALVES, Luiz Alberto Oliveira. *O silêncio: um ritual pedagógico a favor da discriminação racial.* Belo Horizonte: Faculdade de Educação da UFMG, 1985. (Dissertação, Mestrado em Educação).

GONÇALVES E SILVA, Petronilha Beatriz. "Cultura negra e experiências educativas". In: MELO, R. I. C. de, COELHO, R. C. F. (Orgs.). *Educação e discriminação dos negros.* Belo Horizonte: MEC/Instituto de Recursos Humanos João Pinheiro, 1988, p. 101-9.

GONÇALVES E SILVA, Petronilha Beatriz. "Prática do racismo e formação de professores". In: DAYRELL, Juarez. (Org.). *Múltiplos olhares sobre Educação e Cultura.* Belo Horizonte, UFMG, 1996.

GONÇALVES E SILVA, Petronilha Beatriz; BARBOSA, Lúcia M. A. (Org.). *O pensamento negro em Educação no Brasil; Expressões do Movimento Negro.* São Carlos: EDUFSCar, 1997, p. 17-30.

GONÇALVES E SILVA, Petronilha Beatriz. CÂMARA, Engels; MONTEIRO, Hilda. *Multiculturalismo e Ensino fundamental; da pesquisa à sala de aula.* São Carlos: UFSCar- Núcleo de Estudos Afro-Brasileiros, 2001. (Divulgação restrita).

MELO, Regina Lúcia Couto de; COELHO, Rita de Cássia Freitas (Org.). *Educação e discriminação dos negros.* Belo Horizonte: IRHJP, 1988.

MONTEIRO, Hilda. "Professoras e Pesquisadora em Formação". In: GONÇALVES E SILVA, Petronilha B., CÂMARA, Engels; MONTEIRO, Hilda. *Multiculturalismo e Ensino fundamental; da pesquisa à sala de aula.* São Carlos: UFSCar-Núcleo de Estudos Afro-Brasileiros, 2001, p. 22-24. (Divulgação restrita).

MOREIRA, Antônio Flávio. (Org.) *Conhecimento educacional e formação do professor.* Campinas: Papirus, 1994.

GONÇALVES E SILVA, Petronilha Beatriz; SILVA, Tomaz Tadeu. (Orgs.). *Currículo, cultura e sociedade.* São Paulo: Cortez, 1994.

NÓVOA, António. (coord.). *Os professores e a sua formação.* Lisboa: Dom Quixote, 1995.

OLIVEIRA, Raquel. *Relações raciais na escola.* São Paulo: PUC/SP, 1992 (Dissertação, Mestrado em Psicologia Social).

QUEIROZ, Delcele Mascarenhas. "Um dia eu vou abrir a porta da frente: mulheres negras, educação e mercado de trabalho". In: SANTOS, Jocélio Teles dos. *Educação e os afrobrasileiros: trajetórias, identidades e alternativas.* Salvador: Novos Toques, 1997, p. 47-84.

SANTANA, Patrícia Maria de Souza. "Rompendo as barreiras do silêncio: projetos pedagógicos discutem relações raciais em escolas municipais de Belo Horizonte". In: GONÇALVES E SILVA, Petronilha Beatriz; PINTO, Regina Pahim. *Negro e educação: presença do negro no sistema educacional brasileiro.* São Paulo: Anped/Ação Educativa, 2001.

SILVA, Tomaz Tadeu da. (Org.). *Alienígenas na sala de aula.* Petrópolis: Vozes, 1995.

A PLURALIDADE DE SER JUDEU

Anete Abramowicz

O que é ser judeu?

Ao aceitar o desafio de escrever este artigo na temática muticultural pensando a questão judaica, como judia, imediatamente me vejo encurralada entre a minha pequena história pessoal e a universalidade que o judaísmo pode alcançar percorrendo muitas linhas e atravessando territórios e contribuindo de maneira fecunda para pensar as questões culturais e das identidades. São várias as linhas que nos atravessam pelo fato de ser judeu ou judia e, ao mesmo tempo, cada pessoa enverga de maneira singular todas as histórias e linhas que nos percorrem, ou que nos percorreram. Escrever sobre algo que de certa maneira se confunde "com o dentro", com a maneira pela qual cada um reinventa e (re)conta as histórias e as linhas pelas quais fomos atravessados, é percorrer um limite, tênue e vertiginoso, entre a minha, ou uma historinha pessoal de nenhuma importância, e as inúmeras linhas judaicas que nos percorrem. E também, escrever nessa temática é uma espécie de contar de "si", e que não se trata obviamente de realizar uma análise a céu aberto. Logo de início é preciso que se deixe claro que não há garantia alguma de êxito.

Há algumas aulas de Gilles Deleuze que foram gravadas em vídeo, nas quais ele vai percorrendo algumas linhas de pensamento, a partir das letras do abcedário, como por exemplo, a de animal, b de beber, d de desejo, f de fidelidade, entre outras. Em uma destas aulas, num tom um tanto indignado, talvez mais precisamente em um tom jocoso, Deleuze diz que hoje em dia qualquer pequena história pessoal, como por exemplo, de uma avó que morreu de câncer, um cão que salva uma criança se transformam "em romances". Parece, segundo Deleuze, que é como se cada um estivesse esperando a vez de contar e editar sua própria história. Ele continua em sua mordacidade comparando tais "romances" aos colóquios dos intelectuais nos quais, segundo ele, também servem para cada um falar de suas pequenas historinhas.

Kafka, Dostoievski, Henri Miller, entre outros, não contam histórias pessoais. Diz ele em uma dessas aulas gravadas em vídeo: "escrever não tem nada a ver com o que lhe é pessoal. A literatura e a escrita têm algo a ver com a vida, mas a vida é além do algo pessoal". Também ao dizer isso, obviamente, não se trata da exaltação de um determinado tipo de escrita, ou engrandecimento de algum saber, ou alguma literatura em detrimento de outras ou alguma desqualificação de um tipo específico de escritura, ou, o retorno da discussão da década de 70, na qual se discutia calorosamente, enquanto opostos: o erudito ou popular. Não é uma discussão sobre as oposições. Nessa conversação, em vídeo, o que estava em foco era a questão da identidade, e o que significa falar eu. Dizer eu para que tenha alguma força e que produza algum efeito, para além de uma exaltação pessoal, ou de uma pequena história que deu certo ou não deu, e, também, para além de uma pequena percepção analítica etc. Como é que se fala eu, com algum efeito e alguma força? Quais os efeitos que se produzem quando a vida nos atravessa?

A literatura como uma possibilidade de exterioridade, a literatura como "o fora", ou seja, o desafio está em escrever a vida como um fora, e não como um dentro. Escrever porque algo da vida passou em nós, ou como disse Deleuze[1] "escreve-se para a vida".

Novamente, não há garantia nenhuma de êxito.

O que é ser judeu?

Essa pergunta percorreu minha vida durante muitos anos, talvez não só a minha, mas de muitos judeus, e lembro-me de que jamais tal pergunta foi feita assim: o que é ser judia?

---

[1] "Evidentemente, não se trata de cada um ter sua hora da verdade, nem escrever suas memórias ou fazer sua psicanálise: não é falar na primeira pessoa do singular. É nomear as potências impessoais, físicas e mentais que enfrentamos e combatemos quando tentamos atingir um objetivo, e só tomamos consciência do objetivo em meio ao combate" (Deleuze, G. Conversação, trad. P. P. Pelbart. Rio de Janeiro: Ed. 34, 1992, p. 111).

Há uma, dentre as muitas rezas judaicas, que diz: "obrigado Deus por não ter nascido mulher". Anos depois disseram-me sobre a positividade dessa reza, que diria respeito às imensas durezas e dificuldades em ser uma mulher judia, pois é pela mulher que se reproduz a linhagem judaica. É uma possibilidade de interpretação, talvez, um tanto tortuosa.

Era sempre a pergunta seca e no masculino: o que é ser judeu?

Só há pouco tempo percebi que a pergunta formulada desse jeito não teria possibilidade de resposta. Vivi tal questão como se ela embutisse em si um caráter persecutório, um caráter essencialista, como se existisse uma essência, para além do meu desejo e das minhas vontades, ou seja, uma espécie de em mim, mas para além de mim. Essência à qual deveria ser buscada. Olhava no espelho procurando "o judeu" em mim. Em algumas ocasiões escutava a assertiva de que não importava que eu não soubesse o que era ser judeu, os outros saberiam. A perseguição. Logo cedo entendi que isso fazia parte da história judaica. Lembro-me de percorrer caminhos, não poucos, a procura desse algo, dessa espécie de essência que me diria: "isso é você". Vivi muito tempo atrás disso que denominam identidade, que é a tentativa de procurar o idêntico, algo que seria eu mesma. Essa busca pela identidade, essa procura pelo que se é, é puro equivoco. Não se é exatamente nada, essencialmente, mas somos tudo aquilo que nos atravessa, nossas histórias, todos os fluxos, todas as coisas e as palavras, aquilo que fazem com a gente, aquilo que a gente faz com aquilo que fazem da gente, somos tantas coisas todo o tempo. Nos diferenciamos, nos diferimos. Buscar a si é se diferir. A busca do idêntico e da identidade, daquilo e daqueles que são iguais, não nos ajuda a entender o que se é, e muito menos entender diferenças, multiplicidade etc.[2]

---

[2] "Foucault não emprega a palavra sujeito como pessoa ou forma de identidade, mas os termos ´subjetivação´, no sentido de processo, e ´si´ no sentido de relação (relação a si). E do que se trata? Trata-se de uma relação da força consigo (ao passo que o poder era a relação da força com outras forças), trata-se de uma ´dobra´ da força. Segundo a maneira de dobrar a linha de força, trata-se da constituição de modos de existência, ou da invenção de possibilidades de vida que também dizem respeito à morte, às nossas relações com a morte: não a existência como sujeito, mas como obra de arte. Trata-se de inventar modos de existência, segundo regras facultativas, capazes de resistir ao poder bem como se furtar ao saber, mesmo se o saber tenta penetrá-los e o poder tenta apropriar-se deles. Mas os modos de existência ou possibilidades de vida não cessam de se recriar, e surgem novos. Se é verdade que essa dimensão foi inventada pelos gregos, não fazemos um retorno aos gregos quando buscamos quais são aqueles que se delineiam hoje, qual é o nosso querer-artista irredutível ao saber e ao poder" (idem, ibidem, p. 116).

A ideia de "ser judeu" e de que isso era diferente, aprendi, com muito sofrimento, que era o legado mais precioso que o "ser judeu" me proporcionou, e que só pude aproveitar disso tardiamente. Pensar, viver e produzir diferenças; fui aprendendo que era um jeito de viver: difícil e talvez pudesse ser exuberante e por que não, judaico. E que neste lugar, no lugar das forças das diferenças, poderia tentar viver a vida como uma estética, a vida como uma obra de arte.

Morar no Bom Retiro, na cidade de São Paulo, entre as décadas de 50 e 80 marca a história de uma geração de judeus e de judias. Era uma experiência, curiosamente, de pluralidade. Poderíamos dizer que era um bairro judeu, mas plural. Sabíamos que havia os não judeus, que eram todos os outros: os *góim*[3]. Mas entre os judeus havia uma multiplicidade, havia os judeus ricos e os pobres, os judeus donos das lojas e os profissionais liberais, que mais tarde, alguns deles, tornaram-se referência na medicina, na odontologia etc. Havia os judeus de esquerda, que não eram poucos, cujos pais ou avós teriam sido do partido comunista da Europa e que aqui chegando se filiaram ao partido comunista brasileiro.

Havia os judeus do *Scholem-Aleichem*[4], que era uma escola judaico-progressista, ensinava o iídiche e não o hebraico, pois optava por ensinar a língua da diáspora, era uma escola judaica, não sionista e socialista, compunha a sua pedagogia a partir desses pressupostos ideológicos e políticos. Existiam outras escolas judaicas, de outros matizes ideólogico-políticos e pedagógicos, e que ainda permanecem enquanto opções para os judeus da cidade de São Paulo.

Dentre as possibilidades de escolha para os jovens, naquele período, havia os movimentos juvenis sionistas, que também não eram poucos e seguiam diferenças significativas do ponto de vista político-ideológico. Entre os grupos sionistas havia muitas diferenças, algumas irreconciliáveis: os pró-palestinos, os pró-kibutzim, os de direita, os religiosos etc.

No bairro do Bom Retiro encontravam-se os judeus e as judias que teriam vindo da Polônia, da Bessarábia, da Hungria, da Alemanha.

---

[3] Gói: não judeu, gentio. Palavra que tem, por vezes, o sentido pejorativo de "bronco", estúpido.

[4] É o nome de um dos mais populares escritores da literatura judaica, escreveu principalmente contos e novelas. Nasceu em 1859 e morreu em 1916.

Os judeus *aschkenazís*[5] e os *sefaradís*[6]. Havia os restaurantes e as comidas típicas de cada uma dessas regiões. O *tchulun* (feijoada) era um prato mais típico dos judeus poloneses; o *varenick* e os *beigales* (variações de bolinhos de batata), mais típicos da Bessarábia, e curiosamente determinados pratos, conhecidos por todos os judeus dos diversos países, como por exemplo, o *guefilte fish* (espécie de bolo de peixe, cuja variação encontrava-se na forma de temperar). Fomos aprendendo, desde cedo, a apreciar tais comidas, com seus sabores exóticos, que acompanhavam as festas judaicas que comemorávamos todos os anos. O bairro ficava sob a égide dessas festas, como, por exemplo, no *Yom Kipur*[7], uma das festas mais importantes para os judeus; o bairro ficava sombrio, sóbrio e silencioso. Todas as portas se fechavam, algumas pessoas jejuavam, e encontrávamos aqueles judeus que não participavam dessas festas por não serem religiosos; na festa do novo ano judaico corríamos para escutar o *schofar*[8], era uma vida brasileira envergada por judaísmos. Na realidade, vivíamos uma vida paulistana, com as múltiplas opções culturais e artísticas que compõem a atmosfera de São Paulo, e acrescentávamos um tanto de "judaicidade".

A história judaica é uma história de imigração e de desterritorialização. Todos teriam saído de algum lugar, de muito longe, e contavam dessas viagens que eram fantásticas, meses em um navio, alguns vieram escondidos, contadas pelos avós ou pelos pais. Muitas dessas histórias acompanhavam relatos sobre como eram perseguidos. Alguns saíram de seus lugares de origem, pois eram perseguidos, outros, simplesmente, estavam em busca de uma nova vida. Ouvíamos muitas histórias, e os judeus carregam consigo o lema: "jamais esquecer". Ressoa aqui a frase "a minha memória não é puramente lembranças, não é amor, mas hostilidade, ela trabalha não para reproduzir, mas para afastar o passado". O lema nietzscheano sobre o dever do esquecimento, o esquecimento como uma memória da vontade, "esquecer para não morrer da memória",[9] também aprendi, muito tardiamente, que a memória

---

[5] Aschkenazí: judeu alemão, por extensão todo o judeu da Europa central.
[6] Sefaradí: judeu Espanhol e Português, posteriormente, passou a designar todo o judeu da Europa ocidental.
[7] Yom Kipur: dia do perdão.
[8] Schofar: corno, chifre. Designa a trombeta de chifre de carneiro, que se toca para anunciar as solenidades do ano novo (rosh hashaná). Três são os toques rituais do schofar.
[9] "Esquecer para não morrer da memória! Esquecer para não deixar que o torturador, o violento, o déspota riam ao constatar que a vítima de ontem, hoje livre das amarras e dos golpes sádicos,

poderia ser outra coisa e não apenas um arquivo guardador de alegrias, de lembranças e, sobretudo, de dores, no caso judaico, especialmente em relação aos cadáveres dos campos de concentração (voltarei a isso), esquecer, que nada tem a ver com perdoar.

A importância do dinheiro, que se torna uma caricatura colocada nos judeus, pronunciada aqui e ali como gracejo, às vezes como brincadeira, outras vezes dita como uma pequena secreção fascista, de certa forma, está associada à história dos judeus no mundo, os quais participaram ativamente na dinâmica da modernização capitalista e industrial dos séculos XVIII e XIX. Não farei, aqui, obviamente, essa discussão, no entanto, o dinheiro teve para os judeus uma dimensão desterritorializante, além de ter sido uma das atividades possíveis de serem exercidas. "Concretamente, o que implicava o fato de ser judeu na sociedade do antigo regime (na Europa)? Entre outros, que o acesso a setores como a agricultura, a justiça, a administração, a universidade, a política, o exército, as profissões que tinham enquadres de corporação lhes estavam enterditadas. O que obrigava aos judeus a procurarem outros meios de sobrevivência. Um encadeamento de causas e de efeitos ligados a sua condição de párias, ao lado de uma pequena população de necessitados artesãos, mascates... um número grande de judeus se engajaram nas profissões nas quais a população majoritária não poderia confiscar os seus privilégios e a Igreja não poderia interditar o acesso. Engajaram-se em atividades que não exigiam um enquadre territorial e o exercício delas não estaria ligado nem ao nascimento e nem a algum pertencimento religioso".[10] Os judeus acabaram por trabalhar em atividades ligadas ao dinheiro sob todas as suas formas: usura, troca, crédito, atividades que eram desprestigiadas e reprovadas pela moral cristã. Na modernidade haverá uma inversão, essas atividades serão a expressão de uma certa dinamização social, e uma burguesia judaica começa a se constituir e a produzir uma aliança, nesse período, entre o dinheiro e a cultura.

---

continue sendo o refém infeliz e ressentido, o adorador de seu algoz, atado à impossibilidade de esquecer o esquecimento, que fez da memória passiva sua própria prisão... e seu túmulo!" (LINS, D.; COSTA, S. S. G; VERAS (Orgs.). *Nietzsche e Deleuze. Intensidade e paixão*. Rio de Janeiro: Relume Dumará; Fortaleza, CE: Secretaria de Cultura e Desporto do Estado, 2000, p. 51).

[10] Tradução livre do artigo de: AZRIA, Régine "L'identité juive au miroir de l'histoire". In: *Sciences Humaines. Cultures. La construction des identités*. n. 110, novembre 2000.

O dinheiro era uma riqueza móvel, assim como o saber, com o dinheiro era possível fugir, e escapar com alguma coisa, assim como com o saber. Perguntaram em uma ocasião para Félix Guattari em uma de suas visitas ao Brasil se ele conhecia algo tão desterritorializante quanto o capital, e ele, rapidamente, responde: "o pensamento". Alguns judeus souberam disso: capital e o saber. É evidente que não se trata aqui de fazer apologia ao dinheiro, à exploração, mas trata-se de pensar que o dinheiro teve, por exemplo, no antigo regime essa dimensão cultural para os judeus.

Muitos de nós fazemos parte da geração que sucedeu ao holocausto, e que segundo Pelbart é

> [...] uma geração que tem dificuldade de desfazer-se do peso do seu cadáver (referindo-se aos mortos dos campos), e que acredita não obstante ser isso incontornável, que pensa ser preciso levar dele algo muito precioso mas que tem escrúpulo de capitalizar essa herança.[11]

Encontrávamos, nas ruas, nas feiras e nas sinagogas, os judeus que teriam fugido dos campos de concentração, e estar diante deles era sempre uma experiência de encontro com a barbárie e com a dor. Lembro-me de ver um número tatuado no braço de uma senhora, numa cor feia, verde, números grandes, algo impregnado em sua pele, era a própria pele. Como tirar isso da pele? Era uma marca da vergonha, da barbárie, e da lembrança: "não esquecer". Como transformar esse não esquecer em esquecer afirmativo, positivo de que fala Nietzsche?

Sobreviver para contar, este era o lema de vários dos sobreviventes, entre eles, descrito na belíssima obra de Primo Levi, *"É isto um homem?"*.[12] A pele conta uma política, a política da rostidade,[13] a pele como um mapa que fala da história e da geografia.

---

[11] PELBART, P. P. "A Vergonha e o Intolerável". In: *A Vertigem por um fio. Políticas de subjetividade contemporânea*. São Paulo: Iluminuras, 2000, p. 209. Nesse artigo, Pelbart faz a discussão entre cinema e holocausto.

[12] LEVI, Primo. *É isto um homem?* Rio de Janeiro: Rocco, 1988.

[13] "O rosto não é um invólucro exterior àquele que fala, que pensa ou que sente" (p. 32)."uma criança, uma mulher, uma mãe de família, um homem, um pai, um chefe, um professor primário, um policial, não falam uma língua em geral, mas uma língua cujos traços significantes são indexados nos traços de rostidade específicos". (p. 32) "Não há rosto que não envolva uma paisagem desconhecida, inexplorada, não há paisagem que não se povoe de um rosto amado ou sonhado, que não envolva

Os filmes[14] e os livros sobre o holocausto foram essenciais para construir, dar visibilidade às histórias que ouvíamos, ao horror que escutávamos, e ajudaram a construir em muitos de nós, uma sensibilidade à opressão, uma sensibilidade ao intolerável, um verdadeiro horror e, no mínimo, indignação a essas barbáries e destruições étnicas, raciais ou religiosas. As guerras culturais-étnico-religiosas permanecem, certamente, como a grande problemática da modernidade: o que fazer com as diferenças culturais? O que fazer com essas disputas territoriais? Como conviver com as diferenças?

Ao ler, ver e ouvir todas as histórias, imagens, os fluxos e as secreções fascistas da 2ª guerra, a questão do que é ser judia passa, também, a ser uma pergunta própria. A senhora que tinha os números tatuados no braço era uma sobrevivente, era uma concretude das histórias que cada família judaica escutava, relatada pelo pai, pela mãe, no meu caso, pelos meus avós, que contavam sobre o fim das notícias acerca de seus irmãos, irmãs, pais, tios, amigos etc. O final da história era medonho, todos mortos na guerra. O fim das notícias, um silenciamento generalizado, a política do silenciamento em sua faceta mais brutal. Lembro-me de minha avó contando suas histórias, gostávamos de ouvi-la, não havia ressentimento em sua voz, nem amargura, era sóbria, contava sua história como se nos ensinasse uma lição muito importante, às vezes, silenciava e continuávamos a escutá-la, curiosamente; sua fala exalava ternura, e contava atrocidades e suas dores, da separação de sua família de origem, que significou a morte; da reconstrução de sua vida no Brasil; dos lugares no Brasil onde percorreu até permanecer em São Paulo; que vida plena, exuberante a maneira pela qual reinventou a própria vida... Ouvi essa história novamente, anos depois, junto com meu filho, e no final, lembro-me da pergunta que ele lhe fez: "você não tem nenhuma história alegre para contar?", eu nunca tinha ouvido a tristeza, talvez porque vivíamos uma outra atmosfera, entendíamos que contar e escutar era uma atitude afirmativa.

---

um rosto por vir ou já passado". (p. 38). DELEUZE, G.; GUATTARI, F. *Mil Platôs. Capitalismo e Esquizofrenia.* v. 3, tradução de Aurélio Guerra Neto et alii. Rio de Janeiro: Ed. 34, 1996.

[14] Lembro-me, especialmente, de alguns filmes: A escolha de Sofia; o documentário Shoá; Holocausto; Treblinka; Uma pequena loja da rua principal; O porteiro da noite; Holocausto; a Lista de Schindler; Cabaret; Pasqualino 7 belezas, entre muitos outros, que reverberavam com força e nos ajudavam a construir aquilo que ouvíamos e a procurar a resposta, impossível de ser respondida: por quê?

Essa geração, após o holocausto, viveu uma multiplicidade de maneiras de se constituírem como judeus ou como judias, não tinha um jeito único, não tinha um lugar único, havia várias escolas, com diversas opções educacionais, vários grupos de jovens judeus, ser judeu ou judia era algo plural.

A história desta geração é de como os de fora, os *goim* começaram a se misturar com os de dentro numa intensificação do processo de multiplicidade. Os de fora passaram a nos atravessar, e nos misturamos, produzindo novos germes desta preciosidade judaica que é produzir diferenças. E nasceram os filhos e as filhas dos judeus com os não judeus, e multiplicamos os jeitos de sermos judeus e de sermos judias, os outros nos atravessaram e nós os atravessamos, vivemos numa espécie de ampliação das possibilidades no campo judaico, inventamos novos jeitos, festejamos várias festas, entre elas, o *pessach*[15] e nos presenteamos no natal, os meninos escolhem se querem fazer o *bar-mitzvá*,[16] e festejamos as alegrias e as durezas de estarmos juntos em nossas diferenças, produzindo outras diferenças. Aprendemos o que significa tolerância, multiplicidade, multiculturalismo etc.

Ao transpor a questão da complexidade das diferenças culturais procurando pensar a escola pública brasileira, vemos que pouco tem sido feito. Primeiramente, há poucas opções de escolas públicas, há quase que uma forma idêntica em todas elas, às quais permanecem arraigadas em um modelo de imobilidade e quietude para as crianças e de disciplinamento. As questões das diferenças passam à margem das questões escolares. Há uma intransigência em relação aos diferentes de qualquer natureza (étnica, física, racial etc), há uma negligência absoluta no trato dessas questões. No entanto, evidentemente, não é um problema apenas escolar, é uma intransigência que está na vida, e este é o problema. Precisamos nos perguntar de que tipo de vida tal escola é sintoma? Ou quais forças ativas e reativas forjaram tal perspectiva de escola e com que interesse, no interesse de qual tipo de vida?

Durante a década de 70 e 80 achávamos que na vida os pobres eram dez e na escola zero, e que deveríamos ter "cuidado com a escola", diziam que a escola era ruim porque estava distante da vida e

---

[15] Páscoa.

[16] Ocasião na qual os meninos que fazem 13 anos são chamados à Torá e ganham a maioridade religiosa.

por isso era desinteressante, e estávamos, todos, condenados a viver na escola longe da vida. Se assim fosse, ao meu ver, seria menos mal, porque depois teríamos a vida, um tanto de condenação e um tanto de libertação, um tanto de escola e um tanto de vida, mas a escola é a vida e aí é que está o problema. Há uma mesmice na vida, uma barbárie na vida, e muitos estão fadados à condenação na vida, e revolução é "criar acontecimentos que nos liberem de nossas histórias, com suas mesmices, precisamos criar novos possíveis alargando o espaço da possibilidade, pois a noção de produção não é só produção de coisas materiais e imateriais no interior de um campo de possíveis, mas também produção de novos possíveis, quer dizer produção de produções"(PELBART), é preciso criar novos espaços-tempos na vida. A realidade não é libertadora em nada. Precisamos investigar onde aparece um novo modo de existência comunitário ou individual, onde estão esses germes? Necessitamos reinventar a vida, ou seja, precisamos ser capazes disso, porque nem todos somos. Lutar contra as forças que forjam esse modelo de escola não é uma prática nem simples e nem fácil, começamos a compreender que o fascismo deu e dá certo porque cada um de nós alimentamos as secreções fascistas, ele só dá certo porque existe uma micropolítica que o alimenta cotidianamente, diz Deleuze "é muito fácil ser antifascista no nível molar, sem ver o fascista que nós mesmos somos, que entretemos e nutrimos, que estimamos com moléculas pessoais e coletivas".[17]

As multiplicidades culturais são de uma atualidade inquestionável; essa temática trata da história de como as várias línguas cortam, percorrem e atravessam a língua maior, a língua hegemônica, a cultura hegemônica. "É em sua própria língua que se é bilíngüe ou multilíngüe. Conquistar a língua maior para nela traçar línguas menores ainda desconhecidas. Servir-se da língua menor para pôr em fuga a língua maior".[18] Afirmar as distintas culturas, que nada têm a ver com a defesa intransigente de território, produzir diferenças; trabalhar com as crianças nas suas histórias, com suas cores, seus cheiros, suas percepções, com aquilo que comem, trabalhar, incessantemente, contra as secreções fascistas alimentadas por todos, todo o tempo, é um princípio,

---

[17] DELEUZE, G.; GUATTARI, F. *Mil Platôs*, v. 3, tradução, Aurélio Guerra Neto et alii, Rio de Janeiro: Ed.34, 1996, p. 93.

[18] DELEUZE, G.; GUATTARI, F. *Mil Platôs*, v. 2.; tradução Ana Lúcia de Oliveira e Lúcia Claudia Leão, Rio de Janeiro: Ed. 34, 1995, p. 51.

exaustivo, de trabalho. Precisamos dar condições para que todas as vozes, principalmente as sussurrantes falem e ecoem para que, também, possamos escutar todas as vozes que emudeceram.[19]

O que vem sendo proposto em relação ao trabalho com as diferenças, inclusive pelos parâmetros curriculares nacionais, tem sido inócuo, a tolerância, como proposta de atuação, é uma maneira de nada fazer. Tolera-se como se fosse uma deferência ao outro. Nenhuma criança que possui alguma marca da diferença pede tolerância, não há nada a tolerar. Há que tornar a diferença uma positividade, uma afirmação. As atitudes que se tomam, toda a micropolítica pedagógica é o que interessa e o que está a serviço de um certo tipo de formação, de iniciação, às diferentes engrenagens da produção e do campo social. O que conta no trabalho de educação é o efeito das políticas semióticas dos adultos sobre as crianças. O que fazem os adultos entre si, com as crianças, com os pais, na sua vida? O que fazem os adultos com os negros? Com os pobres? Com os deficientes? Com as meninas? O que faremos com os diferentes? Em síntese, a pergunta que está colocada é o que pretendemos fazer com "o outro", "com o estrangeiro?" O que a nossa cultura tem feito com o outro? Este outro tem sido ocupado ao longo da história: pelos loucos, pelas crianças, pelos poetas, artistas etc. É preciso que as diferenças sejam o mote da ação pedagógica, produzir diferenças, não tolerá-las. Há uma luta micropolítica, antifascista, que tem que ser travada incansavelmente e cotidianamente. Não se trata aqui de produzir palavras de ordem, sem nenhum significado, mas sim, de pensar sobre o direito da diferença. Talvez a escola pudesse estar a serviço de uma nova modalidade de pensamento, privilegiando as inventividades, as criações, as produções das diferenças, as novas formas de pensamento. Há uma incessante forma de vida que são produzidas pelos diferentes: sejam eles negros, judeus, nordestinos, pobres... que é preciso estar atento para aproveitar.

> "Em suma, precisamos, não o mapa de um outro mundo, mas a cartografia do outro de todo mundo – aquilo que faz deste mundo um outro, liberando-nos como queria Kafka, 'das cadeias da existência cotidiana'. Podem irromper, a partir daí, resistências inéditas e vozes inauditas, aptas a dobrar-nos diferentemente."[20]

---

[19] "Não existem, nas vozes que escutamos, ecos de vozes que emudeceram?" (WALTER BENJAMIN)
[20] PELBART, P. P. – "Literatura e Loucura". In: *A vertigem por um fio*. São Paulo: Iluminuras, 2000.

A PLURALIDADE DE SER JUDEU

Este meu livro, portanto, nada acrescenta, quanto a detalhes atrozes, ao que já é bem conhecido dos leitores de todo o mundo com referência ao tema doloroso dos campos de extermínio. Ele não foi escrito; para fazer novas denúncias poderá, antes fornecer documentos para um sereno estudo de certos aspectos da alma humana. Muitas pessoas, ou povos, podem chegar a pensar, conscientemente ou não, 'que cada estrangeiro é um inimigo'. Em geral, essa convicção jaz no fundo das almas como uma infecção latente; manifesta-se apenas em ações esporádicas e não coordenadas; não fica na origem de um sistema de pensamento. Quando isto acontece, porém, quando o dogma não enunciado se torna premissa maior de um silogismo, então como último elo da corrente, está o Campo de Extermínio. Este é o produto de uma concepção do mundo levada às últimas conseqüências com uma lógica rigorosa. Enquanto a concepção subsistir, suas conseqüências nos ameaçam. A história dos campos de extermínio deveria ser compreendida por todos como sinistro sinal de perigo. (PRIMO LEVI)[21]

---

[21] LEVI, Primo. *É isto um homem?* Rio de Janeiro: Rocco, 1988.

EXPERIÊNCIAS ÉTNICO-CULTURAIS PARA A FORMAÇÃO DE PROFESSORES

DAS (IM)POSSIBILIDADES DE SE VER COMO ANJO...

Dagmar E. Estermann Meyer

Uma história, para começar

O título deste artigo,[1] que poderia ter como complemento... *ou da importância de se discutir raça/etnia e nacionalidade na formação de professores/as*, remete ao relato feito por uma professora negra, em um evento de atualização de professores/as em Porto Alegre, que exemplifica como poucos a sutileza do funcionamento de alguns mecanismos e estratégias envolvidos com a produção de diferenças e de desigualdades sociais e culturais, no âmbito da escola e do currículo que nela é implementado, ao mesmo tempo que aponta para a importância de se discutir tais processos, em profundidade, nos cursos de formação de professores/as.

Vamos à história: uma menina negra, de três anos, passou a frequentar a pré-escola. Após algumas semanas de "aula", começou a chorar e a recusar-se a ir para a instituição sem, no entanto, verbalizar motivos que pudessem justificar tal atitude. A mãe foi procurar a professora, que também não conseguia explicar o fato, e ambas procuraram conversar e observar mais detidamente a criança para poder entender o que vinha acontecendo. Depois de repetidas e variadas abordagens, a menina explicou à mãe que não queria mais ir para a escola porque, ali, ela tinha descoberto que "não podia ser anjo"! O que, exatamente,

---

[1] Este capítulo retoma, modificando, dois artigos que publiquei nos últimos anos (MEYER, 1998a, 1998b).

ela queria dizer com isso? E o que nós, professores e professoras, podemos e/ou devemos aprender com essa história?

Todos/as nós, que temos algum envolvimento com instituições e/ou docência em educação infantil e séries iniciais, sabemos o peso das imagens e da linguagem visual nessas etapas de ensino: cartazes, desenhos, pinturas e colagens multicoloridos afixados em abundância pelas paredes das salas de aula e dos corredores tanto constituem os "conteúdos de ensino" quanto "refletem os resultados da aprendizagem" e indicam, assim, os pressupostos político-pedagógicos que norteiam os currículos implementados nessa etapa da escolarização. É possível, pois, imaginar o "potencial pedagógico" imbricado nas figuras de anjos, no contexto da educação infantil, sobretudo quando o catolicismo determina a marca religiosa da instituição. Uma pergunta simples nos permite entender, então, a contundente e, ao mesmo tempo, óbvia "descoberta" feita por essa criança: quantos/as de nós já vimos ou já trabalhamos com imagens em que os anjos retratados não fossem meninos (ou seres assexuados) de pele muito branca, com cabelos louros e encaracolados e olhos azuis? Quem de nós já viu imagens de anjos negros? E quem de nós já não ouviu e/ou disse frases como "crianças são inocentes como anjos" ou "crianças quando morrem se transformam em anjos"?

Um importante desdobramento que podemos fazer a partir do relato dessa professora relaciona-se com a própria história dessa instituição escolar que conhecemos (e na qual muitos/as de nós trabalhamos) na atualidade. Essa história nos conta, de modo recorrente, que ao longo do tempo e nas diferentes sociedades e culturas ocidentais modernas, a escola esteve sempre envolvida com a formação de determinados tipos de pessoas, o que hoje poderíamos chamar de determinadas identidades sociais. Essa parece ter sido uma função bem mais importante do que a mera transmissão de determinados conteúdos, em disciplinas dos currículos escolares formais e é, exatamente, esse envolvimento da escola com a produção de identidades sociais que faz com ela continue sendo um espaço institucional constantemente disputado pelas mais diferentes vertentes políticas e por distintos movimentos sociais, na contemporaneidade.

Podemos ver bem essa disputa acerca de definições de escola e do significado social e político do currículo que nela é desenvolvido nos pronunciamentos político-partidários em épocas de campanha eleitoral; nas agendas políticas de movimentos sociais como o MST ou o movimento negro; ou, bem recentemente (jan./fev. 2000), na polêmica gerada a partir da divulgação da listagem da bibliografia indicada pelo governo do PT do Rio Grande do Sul para o concurso público do magistério, no estado. Nesses eventos todos a escola ora é apresentada como sendo a instituição que pode resolver grande parte de nossos problemas sociais ou então como sendo responsável por esses problemas, por não estar desempenhando de forma eficiente sua função social. Ela é, por vezes, apontada como o "porto seguro", onde a infância e a juventude poderiam estar a salvo das "maldades do mundo adulto" e de seus problemas ou, ainda, como um lugar perigoso, em que crianças e jovens estariam se iniciando no vício e no crime ou, ainda, como a instituição por meio da qual se poderia alavancar a construção de uma sociedade mais justa e mais igualitária pela mini-mização das diferenças e das desigualdades sociais. Isso só para citar alguns exemplos cotidianos.

Se formos pensar essa escola em sua história mais recente, em termos de Brasil, poderíamos, de forma simplificada, demarcar um movimento bem interessante que se processa em torno dela no campo educacional, sobretudo a partir das décadas de 70/80. Deparamo-nos, então, com um movimento intenso de debates e questionamentos bas-tante relacionado aos efeitos dos movimentos europeus de maio de 1968 e à contestação que se fazia, no Brasil, aos governos da ditadura militar em todas as esferas sociais.

O paradigma marxista fundamentou, a partir desse período, grande parte dos estudos que se faziam sobre o processo de escolarização, os quais podem ser identificados, no limite, com duas posições bem distintas: por um lado, as denominadas teorias da reprodução cultural e social, que focalizavam a escola como sendo uma instituição que estaria centralmente envolvida com a reprodução e a manutenção da desigualdade e da ordem social vigente e, em sua forma extremada, alguns teóricos dessa linha acabaram, por isso, por defender a extinção da instituição escolar. Por outro lado, educadores como Paulo Freire, por exemplo, subsidiaram importantes estudos que criticavam a edu-cação e a escola tal como então funcionavam, mas essa crítica era feita com o intuito de reafirmar a sua importância como instituição central de quaisquer processos que visassem a transformações sociais mais

DAS (IM)POSSIBILIDADES DE SE VER COMO ANJO...

efetivas. Toda a teorização educacional crítica dos anos recentes tem contribuído para repensar essas posições extremadas. Tenho dito que essas teorizações nos permitem relativizar tanto o "tamanho" quanto o "peso" em geral atribuídos à escola em muitos contextos em que se discute a produção e o funcionamento das sociedades em que vivemos.

Essas teorizações têm mostrado que há uma multiplicidade de outros espaços e meios, além da escola, que estão enredados com a produção daquilo que nós somos e daquilo que nós sabemos, ou daquilo que nós pensamos ser e pensamos saber. Isso significa que a escola nem é a instituição social que garante a reprodução da sociedade que aí está, e nem pode ser vista como sendo o espaço que garante transformações sociais radicais. Reconhecer isso não significa dizer que a escola deixou de ser uma instituição social intensamente disputada por diferentes movimentos sociais e políticos. Pelo contrário, ela continua sendo entendida e tratada como uma importante instância de aprendizagens específicas e diferenciadas que não podem ocorrer em outros locais e, também, como uma instituição que interfere, aprofunda ou fragiliza aprendizagens que fazemos em outras instituições sociais, incluindo-se, aí, o que vem sendo chamado, em estudos contemporâneos, de aprendizagens culturais. Com o termo aprendizagens culturais quero referir-me ao fato de que nós não aprendemos só Português, Matemática ou Estudos Sociais na escola; nela aprendemos, fundamentalmente, por meio de variadas estratégias e de muitos modos, a conhecer o mundo e a posicionar-nos nele e isso extrapola em muito a dimensão de transmissão de conhecimento que é usualmente apresentada como sendo a função primeira da escola.

No campo da educação, o currículo se constitui como sendo um dos elementos centrais em torno do qual giram esses debates sobre a escola e seu significado social. A teorização educacional crítica há muito tempo consolidou a ideia de que o currículo não envolve apenas questões técnicas, relativas a conteúdos de ensino, procedimentos didáticos e métodos e técnicas pedagógicas, tal como ele era concebido pelas pedagogias tecnicistas dos anos 70 ou 80, enfatizando que ele é um artefato social e cultural que precisa ser compreendido e discutido, considerando-se as suas determinações históricas, sociais e linguísticas. No Brasil, Tomaz Tadeu da Silva e Antônio Flávio Moreira têm publicado muitos trabalhos nos quais desenvolvem a perspectiva de que o currículo não é um elemento inocente e neutro de transmissão desinteressada do conhecimento social disponível (ver, por exemplo: 1994, 1995 a, 1995b e 1997). Eles enfatizam que

> [...] o currículo está implicado em relações de poder, [que ele] transmite visões sociais particulares e interessadas e desta forma está envolvido com a produção de identidades individuais e sociais particulares. Sendo assim o currículo, qualquer que seja ele, tem uma história que o vincula a formas específicas e contingentes de organização da sociedade e da educação. (1994, p. 8)

No contexto desse debate, currículo passa a ser entendido como sendo o núcleo que *corporifica o conjunto de todas as experiências cognitivas e afetivas proporcionadas aos estudantes e às estudantes no decorrer do processo de educação escolar*, o que significa entendê-lo como sendo um espaço conflituoso e ativo de produção cultural (SILVA, 1995b). No currículo confrontam-se diferentes culturas e linguagens, e professoras e professores, estudantes e administradores frequentemente divergem em relação às aprendizagens e práticas que devem ser escolhidas e valorizadas. Isso pode ser reconhecido, facilmente, se pararmos para pensar um pouco nas formas pelas quais, no cotidiano da escola e das disciplinas escolares em que trabalhamos, se define aquilo que deverá ser ensinado. A Nova Sociologia da Educação, desde as suas origens na década de 70, na Inglaterra, vem apontando para a importância de se discutir os processos que envolvem produção, seleção, distribuição, ensino/aprendizagem e avaliação do conhecimento escolar e a sua relação com o controle e a dominação sociais.

O que se tem enfatizado mais recentemente é a importância de se interrogar o que Antônio Flávio Moreira chamou de "conexões entre linguagem e poder" (1995, p. 11), a fim de se compreender como o currículo, com sua autoridade textual, está implicado na produção de representações e identidades culturais. Dito de outra forma, isso aponta justamente para a necessidade de se prestar atenção àquelas experiências (como a que reproduzi no início do artigo) que vivenciamos na escola, juntamente ou apesar (!) da aprendizagem de conteúdos específicos nas diferentes disciplinas escolares.

De um modo bem particular, os cursos de formação de professores e professoras são instâncias-chave de formação de sujeitos que estarão diretamente implicados no processo de produção, reprodução e redimensionamento de representações e identidades culturais.

Henry Giroux (1995, p. 100-1) enfatiza que professores/as são produtores/as culturais profundamente implicados em operações de poder, poder esse inscrito em todas as facetas do processo de escolarização. Em sua perspectiva, a pedagogia é entendida como

> [...] um modo de produção cultural implicado na forma como o poder e o significado são utilizados na construção e na organização de conhecimento, desejos e valores [...] ela é definida como uma prática cultural que deve ser responsabilizada ética e politicamente pelas estórias que produz, pelas asserções que faz sobre as memórias sociais e pelas imagens de futuro que considera legítimas. (GIROUX, op. cit.)

É por isso que, no âmbito de abordagens teóricas como os Estudos Culturais ou os Estudos Feministas, por exemplo, escola, currículo e exercício da docência são concebidos e analisados como instâncias privilegiadas para o exame de mecanismos e de estratégias implicados com a produção de sujeitos e de fenômenos culturais. Se nos aliarmos à perspectiva que enfatiza a dimensão produtiva da escola, e pensarmos nos termos propostos por Michel Foucault em *Vigiar e Punir* (1991), por exemplo, estaremos tratando de uma instituição da modernidade que nos seus rituais disciplinares e organizacionais (distribuição e organização de espaços e tempos, critérios de permissão/coerção, seleção e organização de conteúdos a serem ensinados...) produz sujeitos autogovernáveis e que, ao fazê-lo, participa decisivamente da constituição, organização e manutenção do social. Giroux (1995, p. 86) assinala que

> [...] como instituições ativamente envolvidas em formas de regulação moral e social, as escolas pressupõem noções fixas de identidade cultural e nacional e os/as educadores/as, ao agirem como agentes na produção, circulação e uso de formas particulares de capital cultural e simbólico, ocupam um inevitável papel político.

Nessa perspectiva, a escola proporciona um espaço narrativo privilegiado para alguns enquanto produz/reforça a desigualdade e a subordinação de outros. Uma afirmação que sugere a necessidade de se investir em discussões que nos permitam exercitar outros olhares sobre as práticas pedagógicas que se desenvolvem/desenvolvemos no contexto escolar.

Conexões entre currículo, linguagem e poder
e a produção de diferenças/identidades sociais

Interrogar-se acerca das conexões entre currículo, linguagem e poder significa interrogar-se acerca daquilo que entendemos como linguagem. De maneira mais genérica podemos dizer que a linguagem é o meio privilegiado pelo qual nós atribuímos sentido ao mundo e a nós mesmos e que a linguagem é, pois, um elemento central da organização social e da cultura.

Há um grande número de teorias que procuram explicar como se dá esse processo de atribuição de sentidos às coisas e ao mundo pela linguagem (STUART HALL, 1997a). Uma delas – a que adoto neste texto – defende que o mundo concreto, onde as pessoas e as coisas existem, só adquire sentido nas (e por meio das) práticas e processos simbólicos pelos quais a linguagem opera. Nessa perspectiva, os sentidos das "coisas" são produzidos pelas linguagens que as representam como sendo *coisas determinadas*, o que significa entender que tais coisas não têm um sentido que lhes é inerente ou que possa ser fixado nelas, de forma unívoca e permanente, pelos seus usuários. A linguagem está organizada em torno de signos variados, que se relacionam de formas determinadas, ou seja, existem sistemas de códigos sociais, que organizam os signos com os quais produzimos sentidos que são compartilhados nas diferentes culturas. O alfabeto, por exemplo, é um sistema constituído de signos (as letras) que não podem ser usados livremente; eles são combinados seguindo regras específicas de uma língua e é para aprender a usá-los que a alfabetização, por exemplo, ocorre.

Alguns pressupostos básicos subsidiam essa discussão em torno da linguagem e de seu significados, no contexto dessa abordagem teórica, quais sejam:

- linguagem não é apenas um meio de *transmitir* ideias e significados mas é a instância em que se *constroem* os sentidos que atribuímos ao mundo e a nós mesmos; dito de outra forma, pode-se dizer que a linguagem constitui realidades e sujeitos;
- existem muitas linguagens, que estão organizadas em torno de diferentes sistemas de signos e códigos sociais: linguagens faladas e escritas, linguagens visuais, linguagens musicais, corporais, a linguagem da moda etc. É com e por meio dessas diferentes

linguagens que aprendemos a conferir sentido às coisas e a nós mesmos, no âmbito das culturas/grupos sociais em que vivemos;

- a compreensão de que a linguagem é um *locus* de produção de sentidos a serem compartilhados implica compreender, também, que esse é um processo ativo, conflitivo, instável e dinâmico, profundamente enredado em relações de poder. A linguagem é, pois, fruto de relações de poder, gera efeitos de poder e está intrinsecamente relacionada e implicada com a produção daquilo que reconhecemos como sendo nós e eles, certo e errado, igual e desigual, equivalente e diferente; ou seja, a linguagem está implicada com a produção das hierarquizações e desigualdades dentro de e entre diferentes sociedades e/ou culturas. Ocorre que muitas vezes nós não nos damos conta disso.

Considerando, então, a centralidade da linguagem para a produção daquilo que nós somos e do mundo em que vivemos podemos, pois, perguntar-nos: de que forma escola e currículo, e as diferentes linguagens que aí circulam, estão implicadas com a produção de diferenças/desigualdades de raça/etnia e/ou nacionalidade entre sujeitos e/ou grupos sociais? Como linguagem e poder se combinam, no currículo, para construir fronteiras entre grupos e populações e para instituir posições sociais desiguais fundadas nessas categorizações?

Raça/etnia e nacionalidade: uma discussão conceitual

Centrar-se em uma discussão em torno da produção de sentidos a serem compartilhados dentro de e entre determinados grupos sociais envolve pensar as noções de diferença e identidade. Em um instigante artigo acerca da relação entre políticas de representação e currículo, Tomaz Tadeu da Silva (1997, p. 15) afirma que:

> [...] a identidade cultural ou social é o conjunto daquelas características pelas quais os grupos sociais se definem como grupos: aquilo que eles são. Aquilo que eles são, entretanto, é inseparável daquilo que eles não são, daquelas características que os fazem diferentes de outros grupos. Identidade e diferença são, pois, processos inseparáveis [...] aquilo que 'é' é inteiramente dependente daquilo que 'não é'[...] identidade e diferença são construídas na (e através da) representação: não existem fora dela.

O autor segue dizendo que os processos de produção linguística da identidade e da diferença bem como os processos de produção cultural e social da identidade e da diferença estão estreitamente relacionados e que esta produção se dá, em grande parte, nos (e por meio dos) sistemas de representação social. *Quem e o que nós somos* se define em relação àquilo que nós não somos e a operação de poder que está envolvida nessa definição nos posiciona de diferentes formas, em diferentes lugares, com diferentes efeitos, nas sociedades/grupos em que vivemos. Raça/etnia e nacionalidade são marcadores sociais que estão profundamente envolvidos com esses processos de construção de diferenças e identidades culturais que aprendemos a aceitar como naturais e imutáveis e que estão na base da produção de muitas desigualdades sociais.

Raça, etnia e nacionalidade são concepções que estão relacionadas com a produção de sentidos e critérios de pertencimento que se constituem como importantes suportes dos processos pelos quais se constroem fronteiras entre aqueles/as que pertencem e aqueles/as que não pertencem a determinados grupos/populações. Essas fronteiras não apenas relacionam, aproximam, separam e/ou diferenciam grupos entre si, mas o que é mais importante de ser frisado, é que elas agem de forma a posicionar socialmente os grupos representados, numa operação em que características de diversas ordens são transformadas em privilégios, vantagens, desigualdades e desvantagens sociais. O significado e a utilização desses conceitos envolve, também, muitas polêmicas e disputas tanto teóricas quanto políticas e isso se dá, exatamente, em função da centralidade que eles assumem nos processos de particularização e classificação de grupos e populações humanas.

Em um livro que faz uma abrangente discussão acerca desses conceitos, Floya Anthias e Nira Yuval-Davis (1995) desenvolvem alguns aspectos bem importantes dessa polêmica. As autoras procuram demonstrar que tais conceitos (como, aliás, todos os outros) não têm, em si, um significado fixo, específico e imutável e que os significados que eles assumem são construídos historicamente, nos confrontos que se desenrolam de dentro de e entre movimentos sociais determinados. Os sentidos que esses conceitos em particular carregam estão, em geral, associados com intenções e interesses que desencadeiam e/ou mantêm em funcionamento processos de conquista e subjugação, colonização

DAS (IM)POSSIBILIDADES DE SE VER COMO ANJO...

e migração e se prestam para explicar e legitimar variadas práticas de privilegiamento, exclusão e subordinação social. Os sentidos específicos desses termos referem-se a supostas diferenças biológicas, fisionômicas, culturais, morais, históricas e territoriais que se articulam com (ou são traduzidas como) origens e/ou destinos comuns produzidos no interior, no exterior ou na interconexão dos diferentes grupos e processos sociais.

Os critérios ou parâmetros que são acionados para determinar quem pertence ou não a este ou aquele grupo são muito heterogêneos, frequentemente ambíguos e maleáveis, e diferem no tempo e nos espaços em que são colocados em funcionamento. Em geral dizem respeito a ter nascido ou ter-se casado dentro de determinados grupos ou territórios, compartilhar determinados idiomas, religiões e "legados culturais", apresentar caracteres fenotípicos (como cor da pele) semelhantes, o que significa dizer que as disputas em torno do conteúdo que essas noções assumem são, sobretudo, políticas. As fronteiras que elas constroem e sustentam não são naturais e nem dadas *a priori*, assim como também não são apenas ideológicas, conforme sustentam determinadas correntes e autores/as, mas têm origens e efeitos que se materializam, de formas muito concretas, na vida das pessoas e na organização dos sistemas que regulam as ordens sociais vigentes.

No entanto, somos tentados/as a tratar e a trabalhar com essas noções, em nossas escolas e salas de aula, sem nenhuma dúvida ou com poucas, uma vez que supomos que elas têm significados naturais, fixados para além da eternidade ou, ainda, significados inquestionáveis porque foram "descobertos" pela *Ciência*. Um olhar mais atento, no entanto, nos permite perceber que, em sua versão hegemônica, eles foram (são) determinados tomando-se como base alguns "lugares", algumas referências: a Europa branca e cristã do Iluminismo, o movimento de fortalecimento dos estados nacionais europeus, as políticas de colonização desencadeadas por eles na Ásia, África e Américas, a ciência positivista... Retomar esses conceitos implica, então, historicizar os seus "conteúdos", desnaturalizá-los, questioná-los.

A ideia de semelhanças/diferenças biológicas ou fisionômicas naturais e imutáveis que estariam mais ou menos associadas com capacidades intelectuais e sociais, hábitos e estilos de vida e determinados padrões de sanidade, beleza e vigor, entre outros, que dá sustentação à noção de *raça*, começa a ser desenvolvida no contexto das políticas de colonização (até para justificá-las) e é fortemente acentuada no século XIX, no contexto do desenvolvimento da Biologia. Essas ideias sustentaram uma ampla teorização acerca das raças humanas, de suas características, qualidades e déficits, a qual moldou profundamente (e às vezes com violência) os processos de convivência entre os grupos/ povos e os sistemas estatais de normalização social.[2] Isso se expressa de forma contundente nas teorias eugênicas, que advogavam a purificação ou o aperfeiçoamento biológico das populações, pela neutralização, segregação ou eliminação de tudo ou todos que se configurassem como fator de perigo ou impureza biológica (uma noção de perigo que acabava englobando também os domínios social e político); um processo que, como sabemos, culminou de forma trágica com as câmaras de gás instaladas pelo nazismo.

Verena Stolke (1991) relata que é exatamente no contexto de repugnância ética a essas teorias raciais, no período que sucede à II Guerra Mundial, que o termo *etnia* ganha visibilidade e passa a ser usado de forma mais generalizada, com o sentido de enfatizar que os grupos humanos se constituem como fenômenos históricos e sociais e não como categorias biológicas, cujos traços físicos hereditários estariam se misturando a, e definindo também, características morais e intelectuais. O termo é utilizado, fundamentalmente, para referir-se às características culturais que são partilhadas por um povo: língua, religião, costumes, tradições, sentimento de lugar. Se pensarmos na cultura como um campo de conflitos e de disputas de poder, pode-se dizer que a opção pelo uso de *etnia* no lugar de *raça* não poderia resolver as questões mais centrais que aí estão em jogo; isso porque, ao deslocar a diferença que a raça situava na biologia para o terreno da cultura, esse conceito acabou sustentando um novo racismo no qual as discriminações operam tomando como base supostas incompatibilidades de caráter cultural. Um processo que tem dado sustentação a um crescente número de conflitos entre grupos e nações, sobretudo na Europa, na atualidade.

No contexto desses conflitos, *nacionalidade* é outro marcador social que define pertencimentos e exclusões de ordem cultural, social

---

[2] Cf. FOUCAULT, M. *Genealogia del racismo*. Buenos Aires: Ed. Altamira, 1992.

e política e faz isso articulando e deslocando muitos dos sentidos imbricados nas noções de raça e etnia. Foucault (1992) refere que a nação emerge na Europa, como sujeito histórico, em fins do século XVII. Entendida inicialmente como um conjunto de indivíduos que partilhavam determinados estatutos, leis e costumes, a nação não tinha limites geográficos definidos, não possuía um sistema de poder legitimado, não tinha estado e circulava dentro e através de diferentes fronteiras e instituições sociais. A nobreza é apontada nesse contexto como um exemplo de nação. O autor procura mostrar como essa ideia indefinida, fluida e mutável de nação subsistira até o século XIX, ao mesmo tempo em que se desenvolve e fortalece um movimento que fixa contornos mais nítidos em torno dessa concepção; isso se dá com o estabelecimento de critérios como a existência de um grupo de indivíduos, agora identificados a partir de atributos raciais e/ou culturais comuns e habitando um território determinado, delimitado por fronteiras legalmente fixadas e regido por um governo e leis únicas, como sendo critérios determinantes para a existência das entidades políticas que denominamos de estado-nação.

Stuart Hall (1997b) enfatiza que, no mundo moderno, as culturas nacionais que foram produzidas no interior, e em torno, dessa entidade política constituem uma das principais fontes da identidade cultural. Assim, a nação não é mais apenas uma entidade política, mas, também e, sobretudo, uma entidade simbólica que produz sentidos profundos de pertencimento. Ao nos definirmos como brasileiros/as não estamos somente dizendo que nascemos e/ou vivemos no Brasil, mas estamos nos inserindo em, e participando de, *uma cultura nacional*, uma ideia que nos torna membros de uma "comunidade imaginada" (ANDERSEN, 1989), a qual nos confere origens, interesses e destinos comuns. É essa suposta fraternidade, na qual se torna possível anular ou minimizar as diferenças e desigualdades que nos separam, que explica o poder que a nação exerce gerando identidades e lealdades tão profundas, que nos levariam, em algumas circunstâncias, a matar ou morrer para defendê-la e preservá-la.

As discussões que se têm feito no campo dos Estudos Culturais, considerando as contribuições pós-estruturalistas indicam, então, que raça/etnia e nacionalidade não possuem sentidos naturais, fixos e imutáveis, mas precisam ser examinados nos contextos históricos, linguísticos e materiais em que elas estão operando; indicam, também, que os sentidos que essas palavras assumem são dependentes de sua interação com outros marcadores sociais, tais como gênero, sexualidade, classe, religião, geração, interações essas que acabam por modificá-las, produzindo diferentes efeitos sociais, culturais e políticos. Na perspectiva de muitos autores/as desse campo o que importa, no contexto desse debate, não é tanto determinar se tais noções existem como categorias fixadas no plano do cultural, do biológico ou do político, mas discutir como essas categorias, que aparecem como se fossem *apenas* descritivas, operam na prática; como elas *agem* classificando e hierarquizando sujeitos, em circunstâncias econômicas, políticas e sociais determinadas. O que nos leva de volta à escola e à menininha que descobriu que não podia ser anjo!

Uma experiência que nos permite reconhecer que, na maioria das vezes, não conseguimos localizar disciplinas formais em que se objetiva, explicitamente, ensinar como crianças "assexuadas" se transformam em meninos e meninas e depois em homens e mulheres, ou ainda como ser branco ou negro, ou índio, ou como ser pobre ou rico neste contexto social em que vivemos, a exemplo do que se faz em matemática quando aprendemos como adicionar, multiplicar ou dividir, ou de como se pretende fazer, com relação ao sexo, no contexto de determinadas propostas de Educação Sexual.

Isso quer dizer que precisamos reconhecer como aprendemos essas coisas que fazemos e/ou que pensamos sobre nós mesmos e sobre o outro e em que espaços e em que lugares aprendemos a fazê-las de uma determinada maneira e não de outras. Veremos, então, que essas aprendizagens estão incorporadas em práticas cotidianas formais e informais que nem questionamos mais; que elas podem estar atravessando os conteúdos das disciplinas que compõem o currículo oficial ou podem estar imbricadas na literatura que selecionamos, nas revistas que colocamos à disposição dos estudantes para pesquisa e colagem, nos filmes que passamos, no material escolar que indicamos para consumo, no vestuário que permitimos e naquele que é proibido, nas normas disciplinares que organizam o espaço e o tempo escolares, nos processos de avaliação...

"Descobriremos", como a menina de nossa história, que há muitas formas importantes que nos permitem analisar e problematizar posições de mulher e de homem, sentidos de pertencimento e exclusão, bem como fronteiras raciais e étnicas que vão sendo produzidas (no interior de nossos currículos e de nossas práticas pedagógicas em sala de aula) entre os diferentes sujeitos e grupos sociais que ali interagem e estão representados. Ao tomarmos as conexões entre linguagem e poder como instâncias de produção do social e, portanto, como instâncias de produção de diferenças e desigualdades, despertamos para a necessidade de questionarmos não só os conhecimentos e saberes com que lidamos mas começamos, também, a perceber o sexismo, o racismo e a discriminação que esses saberes não só veiculam, mas constroem e ajudam a manter. Começamos a compreender melhor quem tem autoridade para dizer o que, de quem e em que circunstâncias. Isso nos abre a possibilidade (e a necessidade) de reconhecermos, como estamos, nós mesmos, professores e professoras, inscritos nesses processos de nomeação em que a diferença é hierarquizada e transformada em desigualdade. Ao tornar isso possível, essa abordagem teórica e política redimensiona o tamanho das lutas que precisamos lutar, tornando-as mais localizadas, menos grandiosas ou ambiciosas, permitindo recuperar, assim, a importância de pequenas mas significativas ações de contestação e crítica que podemos desenvolver no nosso cotidiano.

A gente compreende, por exemplo, como as ilustrações e os desenhos que forram as paredes de nossas escolas e de nossas salas de aula nos ensinam que podemos ou não nos transformar em anjos!

Referências

ANDERSEN, Benedict. *Nação e consciência nacional*. São Paulo: Ática, 1989.

ANTHIAS, Floya; YUVAL-DAVIS, Nira. *Racialized Boundaries*. 2. ed. London: Routledge, 1995.

FOUCAULT, M. *Vigiar e Punir: nascimento da prisão*. 9. ed. Petrópolis: Vozes, 1991.

FOUCAULT, M. *Genealogia del racismo*. Buenos Aires: Altamira/Nordan, 1992.

GIROUX, Henry. "Praticando estudos culturais nas faculdades de educação". In: SILVA, T. T. (Org.). *Alienígenas na sala de aula*. Petrópolis: Vozes, 1995.

HALL, S. *Representation: cultural representations and signifying practices*. London: Sage & Open University, 1997.

HALL, S. *Identidades culturais na pós-modernidade*. Rio de Janeiro: DP&A, 1997b.

MEYER, D. "Alguns são mais iguais que outros: etnia, raça e nação em ação no currículo escolar". In: SILVA, L. H. et al. (Orgs.) *A escola cidadã no contexto da globalização*. Petrópolis: Vozes, 1998a.

MEYER, D. "Etnia, raça e nação: o currículo e a construção de fronteiras e posições sociais". In: COSTA, M. (Org.). *O currículo nos limiares do contemporâneo*. Rio de Janeiro: DP&A, 1998c.

MOREIRA, A F. & SILVA, T. T. "Sociologia e teoria crítica do currículo: uma introdução". In: Moreira, A .F.; Silva, T. T. (Org.). *Currículo, Cultura e sociedade*. São Paulo: Cortez, 1994.

MOREIRA, A F. & SILVA, T. T."O currículo como política cultural e a formação docente". In: SILVA, T. T.; MOREIRA, A. F. (Org.). *Territórios contestados: o currículo e os novos mapas políticos e culturais*. Petrópolis: Vozes, 1995.

MOREIRA, A F. & SILVA, T. T. "A crise da teoria curricular crítica". In: COSTA, M. V. *O currículo nos limiares do contemporâneo*. Rio de Janeiro: DP&A, 1998.

SILVA, T. T. (Org.). *Alienígenas na sala de aula*. Petrópolis: Vozes, 1995a.

SILVA, T. T. "Os novos mapas culturais e do lugar do currículo numa paisagem pósmoderna". In: SILVA, T. T.; Moreira, A. F. (Org.). *Territórios contestados: o currículo e os novos mapas políticos e culturais*. Petrópolis: Vozes, 1995b.

SILVA, T. T. *A poética e a política do currículo como representação*. Porto Alegre: FACED/UFRGS, 1997. (mimeo).

STOLKE, Verena. "Sexo está para gênero assim como raça para etnicidade?" *Estudos Afro-Asiáticos*, n. 20, 1991.

Nossa herança africana
Reflexões de um educador do Mali em uma universidade historicamente negra

Hassimi O. Maiga

De acordo com Cícero, em palavras ecoadas pelo falecido presidente John F. Kennedy,

> Há muito pouco que seja mais importante para um povo que conhecer sua história, sua cultura, suas tradições e sua língua. Pois, sem esse conhecimento, fica-se nu e indefeso diante do mundo.

Eu sou um especialista em psico-pedagogia e ensino de línguas do Mali (África Ocidental). Lecionei Francês e "Língua e Cultura Songhay"[1] na Southern University, em New Orleans, e incorporei o conhecimento do pensamento e da herança cultural africana em meus cursos. Essa apresentação demonstra porque é imperativo lecionar a partir dessa perspectiva em uma universidade historicamente negra. Descreverei também o método que utilizei para apresentar "Nossa Herança Africana"[2] aos alunos desses cursos e o impacto deste método de ensino no aprendizado e na vida dos alunos. A eficácia dessa abordagem pedagógica pode ser vista nos trabalhos dos alunos e nas avaliações do curso.

---

[1] (N. do T.) Songhay é uma das culturas que floresceram na região ocupada hoje pelo Mali.

[2] "Nossa Herança Africana" é um diagrama cronológico original que esclarece as conexões entre os desenvolvimentos históricos na África, na Europa e nas Américas a partir de uma perspectiva sociocultural. Este diagrama constitui um banco de dados e um recurso de informações contextuais, destacando e ilustrando a vida e as experiências africanas no espaço e no tempo. O método utilizado é a interconexão e a análise das relações entre a África, a Europa e as Américas, em vez da abordagem linear e desconectada que predomina no sistema educacional em geral.

Incorporando o pensamento e a
herança cultural africana nas aulas de
Francês e de "Língua e Cultura Songhay"

Quando comecei a lecionar Francês na SUNO, os alunos tinham pouca confiança em sua habilidade para falar Francês, mas tinham muita curiosidade a meu respeito e a respeito do lugar de onde vim por causa da maneira como eu discutia certas questões culturais relacionadas ao aprendizado da língua. Por exemplo, eles sempre me perguntavam porque eu dizia "nós" em vez de "eu". Em Francês é comum usar o pronome "on" (ou "uma pessoa", "alguém"), da mesma maneira que um falante de Inglês pode usar a expressão "one" (significando, também, "uma pessoa", "alguém") em vez de "I" ("eu"), o pronome pessoal que os americanos usam com tanta frequência. Expliquei a eles que na África, em minha cultura, dizer "eu" era visto como arrogante e excludente, ao passo que o espírito africano era "includente". A discussão de certos termos nos levava então a extensas explorações das diferenças entre as visões de mundo e as práticas culturais europeias e africanas.

Qualquer um que já aprendeu ou ensinou outra língua sabe que estudar uma língua é aprender uma cultura. Quando os alunos descobriram que eu falava não apenas uma, mas várias línguas, eles começaram a perguntar como dizer isso ou aquilo em uma língua africana. Falar sobre como dizer "orfanato" em minha língua nativa nos levou a uma discussão das maneiras de cuidar das crianças, e eu disse aos alunos que não havia nenhuma palavra para essa instituição em minha língua nativa. Frequentemente, eu tinha que parar de ensinar a língua e falar francamente com os alunos a respeito de sua herança cultural – nos Estados Unidos e no continente africano. Imaginem o tipo de intervenção que foi necessária quando, por exemplo, eles leram em um livro didático francês que a justificativa para a escravidão dos africanos na colônia francesa da Louisiana era que "As plantações (e não "a classe dos fazendeiros") precisavam de trabalhadores". Expliquei para os alunos que um professor europeu não usaria seu tempo para salientar essas coisas.

As discussões na sala de aula debatiam a estrutura familiar na África, o papel dos mais velhos, e que formas da cultura africana haviam sido mantidas pelos americanos. Discutimos o conceito de família extensa, que na África é simplesmente a realidade cotidiana de laços familiares que são muito fortes e muito importantes, e que contrasta agudamente, por exemplo, com a prática americana de mandar os idosos para residências especiais, separando-os da família. A certa altura, para atender às necessidades dos alunos de maneira mais integral e também para ensinar Francês de maneira mais eficiente, desenvolvi um curso de dois semestres em "Língua e Cultura Songhay".

O livro que escrevi para esse curso, *Conversational Songhay*, não apresenta aos alunos apenas a língua, mas também o profundo pensamento africano na cultura Songhay. Por exemplo, na língua e na cultura Songhay o conceito de Negritude ("Blackness") é positivo, ao invés de negativo. Além disso, o livro também localiza a língua e a cultura Songhay no contexto Diopiano[3] da unidade e da dinâmica e desenvolvimento dos povos Africanos. O livro inicia com os ensinamentos de Ptah Hotep[4] e prossegue a partir das civilizações clássicas do vale do Nilo até o vale do Níger – de Kemet até Gana, Mali e Songhay nos dias do Império e hoje em dia. Assim, antes que a primeira lição comece, com saudações como "Kani Bani?", o texto apresenta vários exemplos de como "negritude" comunica significados notavelmente positivos na língua Songhay, como em "hari biibi" ("água negra") e "wayne biibi" ("sol negro").

O diagrama original que desenvolvi para servir de apoio a esse curso e para responder à curiosidade e à motivação dos alunos em aprender a respeito da África, "Nossa Herança Africana", aprofunda a compreensão que os alunos têm do pensamento e da cultura africana ao situar os povos africanos no contexto de desenvolvimentos socioculturais globais através do tempo e do espaço. Monumentos espirituais de três civilizações clássicas mostrados no diagrama – as pirâmides de Kemet,[5] um templo Olmeca no México, e o túmulo do Imperador Songhay Askia Mohammed em Gao, no Mali – ilustram o tipo de conexão histórica entre a África, a Europa e as Américas que os meus alunos aprendem a fazer.

A informação cultural e histórica nesse esquema é muito significativa para os alunos em Lousiana e em New Orleans, em particular, onde

---

[3] (N. do T.) Referência ao trabalho de Chiekh Anta Diop, lingüista e historiador africano contemporâneo, criador de uma versão do Afrocentrismo caracterizada pelo uso de uma metodologia interdisciplinar para explicar o papel dos Povos Negros na História Mundial.

[4] (N. doT.) Ptah Hotep foi um personagem da 5ª Dinastia Egípcia cujos escritos se caracterizam por uma preocupação com os oprimidos e com a criação de uma sociedade mais tolerante e igualitária.

[5] (N. do T.) Kemet é uma denominação alternativa para o antigo Egito, comum no contexto das discussões sobre a Cultura Negra no Egito.

o esforço para negar e distorcer a herança africana é tão forte quanto é evidente a presença africana. O esquema também mostra claramente conexões entre o desenvolvimento da Europa e da América, o débito para com as civilizações africanas e o *know-how* africano, bem como as formas culturais africanas que sobreviveram nas Américas. O diagrama capacita os alunos a adquirirem um conhecimento dos fatos quando olham para a história a partir de um ponto de vista africano: a jornada dos Reis do mar Malineses e a presença africana nas Américas antes de 1492, quando o Imperador Sunni Ali Ber morreu e, após 800 anos, os Mouros foram derrotados e expulsos da Espanha; as possíveis origens do vodu nas práticas de possessão espiritual Hollay Hooray, dos Songhay; e as possíveis origens Songhay do pai de Toussaint – uma vez que seu nome, Gao-Genu, podia ser uma referência ao "diabo" de Gao, a capital do Império Songhay, ou uma referência aos Sonance Gunuu, um ramo do povo Songhay, ou mesmo ambas as coisas.

O resultado do aprendizado dos alunos e seu significado educacional

Utilizando um método chamado de Museu Escola Gao (MAIGA, 1995), uma abordagem desenvolvida por mim em escolas no Mali, os alunos do curso em língua e cultura Songhay pesquisaram suas próprias tradições familiares, problemas comunitários e práticas culturais para conectar o estudo que estavam fazendo dessa língua e dessa cultura com suas próprias vidas. Em seus relatos os alunos descrevem suas experiências de aprendizado como um despertar cultural libertador.

Por exemplo, um dos alunos, Sean, um oficial de polícia, examinou as formas pelas quais o conhecimento cultural poderia aumentar o respeito intercultural e reduzir a violência na comunidade. Outra aluna, Nicole, investigou maneiras por meio das quais o conhecimento de valores familiares e tradições africanas poderia fortalecer a unidade familiar e reduzir as influências sociais negativas. Ela escreveu:

> Com as ferramentas que recebi nas aulas do Dr. Maiga, abri meus olhos para tentar reparar minha família após a morte de minha mãe. Este artigo é sobre como a unidade familiar se perdeu quando minha mãe – que tentou com tanto esforço nos manter unidos – faleceu, e como os sonhos que ela tinha de uma família forte e unida morreram com ela. Fiquei muito feliz

porque o Dr. Maiga me apresentou ao meu passado, de um jeito que eu posso agora viver um futuro produtivo [...]. O dinheiro estraçalhou nossa família, e vai levar anos para reparar isso. Meu pai morreu e deixou 50 mil dólares, mas o dinheiro se foi. Primeiro, eu convidei minhas irmãs para jantar em minha casa no Natal e depois eu fiz as unhas delas de graça, só para ter um momento de proximidade. Nas duas vezes agimos de maneira civilizada e, talvez, com o tempo, vamos voltar ao ponto em que estávamos quando minha mãe nos deixou.

Outra aluna, Rolanda, que estudou a história culinária da África em New Orleans, escreveu:

A culinária do Sul reflete, em geral, o método africano de preparar o alimento. Quando alguém fala da quintessência da cozinha africana nos Estados Unidos, tem de mencionar New Orleans. Aqui, a história culinária da África sobreviveu basicamente intacta, e até floresceu. Muitos dos pratos que são chamados de cozinha "creole" ou "cajun"[6] são na verdade de origem africana. "Gumbo" é uma palavra africana para "quiabo". [...]. A presença de vegetais, temperos, e métodos de cozinha mais saudáveis na cozinha norte-americana são as contribuições e o legado de Africanos ao "Novo Mundo". Quando as estruturas do poder branco se derem conta da extensão em que suas papilas gustativas foram "apimentadas" pelos africanos nos Estados Unidos, então talvez o velho dito popular "O caminho para o coração de um homem passa pelo seu estômago" se torne realidade.

Por fim, Mary escreveu sobre o significado do próprio curso sobre língua e cultura Songhay:

Como um povo, nós precisamos focalizar nossa mente e nosso coração para nos unir em harmonia, com nossas famílias, comunidades e negócios [...]. Se nos unirmos, seremos capazes de construir uma nova nação em nosso mundo, hoje. É por isso que devemos aprender sobre nosso legado de cultura e língua africana, para que possamos nos unir para construir uma nova nação [...]. Se os alunos aprenderem sobre sua verdadeira identidade e herança cultural, eles serão capazes de trazer a unidade para a família, para a comunidade e para os negócios. Com unidade

---

[6] (N. do T.) "Creole" e "cajun" são denominações comuns da cultura e da culinária do estado de Louisiana, particularmente da região de New Orleans.

NOSSA HERANÇA AFRICANA

poderíamos conquistar muitas coisas na vida, e conhecer nossa identidade nos dará poder. E isto nos dará conhecimento e sabedoria para abrirmos nossos olhos para os fatos da vida. Algum dia, talvez, gostaríamos de visitar nossa terra natal e ser capazes de partilhar com os outros o grande valor da vida. Como um povo nós precisamos e devemos algum dia nos unir em harmonia.

Para concluir, o número de matriculados nos cursos de Francês da SUNO triplicou desde que comecei a lecionar lá; a habilidade de leitura e de expressão escrita e oral dos alunos melhorou dramaticamente e, o que é mais importante, os alunos passaram a ter mais confiança em suas habilidades e se tornaram mais motivados a aprender tanto Francês quanto Songhay. Os alunos no curso de "Língua e Cultura Songhay" aplicaram seu conhecimento para estudar as conexões entre a comunidade Negra e este currículo cultural.

Referência

MAIGA, H. "Bridging classroom curriculum, and community: The Gao School Museum." *Theory Into Practice, 60,* (1), 1995, p. 209-215.

Usando o pensamento africano e o conhecimento nativo da comunidade

Joyce E. King

> *Ó, Senhor Todo Poderoso, agradeço por me despertar vestido com meu pensamento correto.*
> Uma Oração das Igrejas Negras

> *Está tudo bagunçado aqui com o povo negro, eles esquecem tudo que eles sabem.*
> Harold Courlander (1967, p. 173)

> *A memória se torna uma ferramenta para a reconstrução não apenas do passado, mas da própria história.*
> Melvin Dixon (1994, p. 18-19)

> *Conhecimento é outro nome para Força.*
> Provérbio Africano

Em nossa Igreja os anciãos sempre começavam a invocação agradecendo a Deus por nos despertar "vestidos" com nosso "pensamento correto". Considerando os caprichos do racismo da supremacia branca, não é surpreendente que, enquanto povo, sejamos muito atentos para a possibilidade de perder aquilo que os anciãos também chamavam de nosso "pensamento *natural*". Cada uma dessas possibilidades deveria também ser objeto da preocupação dos intelectuais negros na academia. Quer dizer, a perda de nossa "capacidade de pensar corretamente" representa um estado de desconscientização (KING, 1995), e seria um indicativo de que sucumbimos, sabendo disso ou não, à hegemonia da ideologia dominante que sustenta a supremacia branca. Munir Fasheh (1970) sugere como a educação hegemônica pode nos fazer perder nossa "capacidade de pensar corretamente":

Falando em termos gerais, a educação produz intelectuais que perderam sua base de poder em sua própria cultura e sociedade e adquiriram uma ideologia e uma cultura estrangeiras, mas sem uma base de poder na sociedade hegemônica. (FASHEH, 1970, p. 25)

Neste artigo, descrevo um processo de ensino e aprendizagem para a "capacidade de pensar corretamente" por meio da recuperação da memória cultural negra em um curso de pós-graduação em pesquisa educacional, utilizando o pensamento africano e o conhecimento nativo da comunidade.

Conhecimento com o pensamento correto

A memória é tomada como uma "atividade pessoal" (O'MEALLY; FABRE, 1994, p. 5), e é definida como "recuperar para o pensamento" experiências passadas ou "fatos previamente aprendidos", ou a "soma total daquilo de que alguém se lembra". Por outro lado, a memória cultural é essencialmente um produto social, em vez de um produto individual. Assim, a memória cultural negra refere-se a um "passado racial partilhado" (DIXON, 1994), e é por isso que uso esse termo para me referir ao produto de um conhecimento centrado culturalmente que é recuperado coletivamente por meio de um processo de aprendizado mediado pela comunidade.

Como discuto em outro trabalho, o conhecimento centrado culturalmente inclui "o pensamento, a percepção, e as estruturas de crenças" que, ao tornar "certas formas de conhecimento de si mesmo e do mundo possíveis", funcionam a favor da integração de uma estrutura social existente ou a favor de uma estrutura alternativa imaginada (KING, 1995, p. 270). A escola, o conhecimento acadêmico e as formas de conhecimento centrado na cultura europeia (ou na mais disseminada) contribuem para manter coesa a estrutura social existente. Alunos de pós-graduação experimentam, internalizam ou resistem a essas formas de conhecimento e consciência no curso de sua formação. Ao venerar a "brancura conceitual", a estrutura social existente denigre a negritude e, necessariamente, suprime a consciência histórica e a memória cultural negras.

A disciplina de Estudos do Negro (em contraste com "História dos Pretos")[1] está alicerçada no pensamento negro (KING, 1995). Essa

---

[1] (N. do T.) O contraste, no original, é entre "Black Studies" e "Negro History".

disciplina estabeleceu a fundamentação intelectual para a recuperação da memória cultural negra, antes constrangida pelos mitos hegemônicos dos Estados Unidos e pela amnésia nacional induzida ideologicamente pela academia e pelo conhecimento escolar. Sylvia Wynter (1995), uma ardente defensora dos Estudos do Negro como uma "prática de decifração", propõe que a crítica epistemológica do conhecimento presente nos Estudos do Negro solicita aos intelectuais negros (e outros que lhes são semelhantes em termos intelectuais, incluindo os alunos de pós-graduação) "casar o seu pensamento" com as lutas dos guetos urbanos e dos novos pobres globais. No curso de pesquisa em educação que descrevo neste artigo – "Fundamentos do Conhecimento e da Pesquisa centrados Culturalmente", que lecionei na University of New Orleans – utilizei essa perspectiva epistemológica para engajar os alunos de pós-graduação em uma reflexão crítica a respeito de seu conhecimento, sua pesquisa e suas práticas educacionais no contexto da luta da comunidade negra.

O processo de ensino e aprendizagem nesse curso demandava que os alunos envolvessem "parceiros da comunidade" em seus estudos de questões educacionais urbanas que são, é claro, questões relacionadas à educação do povo negro. Esse tipo de participação na comunidade terminou por ser um processo de aprendizagem contra-hegemônica mediada comunitariamente que servia de apoio a uma forma de conhecimento caracterizada pelo "pensamento correto". Valorizar o conhecimento nativo da comunidade capacitou esses alunos de pós-graduação, que já eram educadores profissionais experientes, a conectar suas pautas de pesquisa e aprendizagem à luta da comunidade negra. Na ausência de um movimento social que ofereça apoio a uma resistência consciente à ideologia dominante e à educação hegemônica, os alunos de pós-graduação precisam desenvolver o tipo de "pensamento correto" que transcende perspectivas "críticas" baseadas na subjetividade da consciência individual (MARGOLIS; ROMERO, 1998). O que eles necessitam é da capacidade de discernir os interesses da comunidade, bem como a confiança, a coragem e o comprometimento para usar sua educação e suas habilidades em benefício da comunidade. O curso ofereceu uma oportunidade e um processo para a recuperação da memória cultural negra por meio de discussões críticas com membros da comunidade.

Os alunos do curso estavam matriculados em programas de Mestrado e Doutorado nas áreas de Aconselhamento, Liderança e Administração

Educacional, e Currículo. Eles examinaram questões tais como a alienação dos alunos negros, o desemprego, a violência nas escolas, as relações entre o lar e a escola, o ensino centrado culturalmente, e o propósito da educação – muitas questões com as quais eles já vinham se debatendo em seu exercício profissional.[2] Os resultados apresentados neste artigo são uma investigação preliminar dos resultados dessa abordagem ao processo de ensino e aprendizagem. Nas avaliações do curso, nos trabalhos finais e numa entrevista feita com um aluno e seu parceiro da comunidade dois anos depois, o curso foi descrito como tendo sido criticamente esclarecedor e capacitador.

A epistemologia africana e o conhecimento centrado culturalmente

As leituras que introduziam os alunos à epistemologia africana e ao conhecimento centrado culturalmente incluíam os livros de Tedla (*Sankofa: African Thought and Education*), o de Shujaa (*Too Much Schooling – Too Little Education*), o de Banks (*Handbook of Research on Multicultural Education*), e as análises teóricas dos Estudos do Negro feitas por Wynter. Além disso, análises sociais como o trabalho de King & Mitchell (*Black Mothers to Sons*) bem como pesquisas a respeito de currículo e pedagogia realizadas por acadêmicos como Carol Lee, Munir Fasheh e Hassimi Maiga, eram demonstrações de trabalhos acadêmicos que reconheciam a relevância e o valor da cultura e do conhecimento comunitário para o aprendizado e o desenvolvimento dos alunos. Conferências realizadas no campus por acadêmicos de renome como John Henrik Clarke e Runoko Rashidi também ofereceram subsídios para comparações críticas de propósitos educacionais, compromissos intelectuais, métodos de pesquisa e práticas sociais e culturais alicerçadas na epistemologia e no pensamento africanos, em oposição à epistemologia e ao pensamento ocidentais.

---

[2] Em um curso que estou lecionando agora, os alunos estão "mapeando o patrimônio da universidade" – isto é, desenvolvendo inventários de recursos (intelectuais, materiais e de pesquisa) da universidade que podem auxiliar a construção da comunidade e ajudar a universidade a cumprir sua missão urbana. Os projetos incluem maneiras de utilizar os recursos da universidade para prover acesso igualitário à tecnologia para melhoria das escolas, para prover ajuda aos sem-teto, aos idosos e às vítimas de violência doméstica.

A explicação que Tedla oferece para o pensamento africano, por exemplo, enfatiza que o conhecimento nas sociedades africanas está enraizado em uma reverência pela vida, na concepção da educação como um processo que dura toda a vida, na ideia de que a capacidade de pensar em termos da comunidade (ou de ter consciência do que a comunidade irá dizer) é profundamente importante para o desenvolvimento pessoal. Essa epistemologia reforçou o significado educacional do tipo de aprendizado que os alunos estavam experimentando. Isto é, eles tiveram uma experiência de construção de conhecimento mediada coletivamente e feita *com* e *para* a comunidade. No processo os alunos relataram que adquiriram uma nova percepção a partir da perspectiva que a comunidade tinha a respeito do problema educacional específico que eles estavam investigando. Essa "prática de pensar a respeito da prática" a partir da perspectiva da comunidade e de recuperar o conhecimento centrado culturalmente para o benefício da comunidade, sempre realizada por meio do exercício da memória, ajudou os alunos a se sentirem menos alienados com relação ao seu próprio aprendizado e mais seguros a respeito do valor do conhecimento da comunidade e da sabedoria dos mais velhos, em particular.

Conhecimento mediado pela comunidade

A natureza reflexiva e crítica da experiência de parceria com a comunidade foi fundamental para essa forma de conhecimento. Junto com seus parceiros na comunidade, os alunos discutiam as leituras do curso, as tarefas, as pesquisas e os métodos relacionados ao problema educacional que eles decidiram investigar. Eles solicitaram aos parceiros sua opinião a respeito das formas comuns de trabalho acadêmico e discutiram a compreensão que seus parceiros da comunidade tinham a respeito da questão que eles estavam investigando.

Nesse curso estavam matriculados oito alunos negros e três alunos brancos. Quatro alunos negros envolveram idosos em seus projetos, incluindo dois que eram os pais dos alunos. Um aluno negro criou um grupo focal na família para explorar suas questões de pesquisa e conduziu uma extensa entrevista com seu próprio pai. Quatro alunos selecionaram como parceiros administradores de escolas urbanas. Um aluno branco trabalhou em um processo de resolução de conflito com um diretor branco de uma escola que atendia a um conjunto habitacional; outro aluno branco trabalhou com um diretor negro de escola que o encaminhou para conversas com adolescentes negros, homens desempregados e idosos da vizinhança. Uma terceira aluna, branca, uma mulher de mais idade que já era avó, formou uma parceria com um colega negro – um assistente social – e com a avó dele. Três alunas negras fizeram uma parceria com duas professoras negras aposentadas e com um ex-professor universitário negro que abandonou a academia para estabelecer um centro educacional na vizinhança. Os parceiros comunitários dos alunos vieram às aulas quando eles apresentaram seus relatórios finais e fizeram contribuições substanciais para a nossa compreensão dos problemas educacionais que eles e os alunos haviam explorado juntos.

Recuperando a força e a memória cultural negra

Antes de entrar no programa de doutorado em currículo e instrução, Tara[3] havia sido uma estudante da escola elementar. Ela investigou maneiras de melhorar a relação entre o lar e a escola em comunidades urbanas. A mãe de Tara, uma professora aposentada, foi sua parceira comunitária. Ela lembrou da ligação estreita que havia entre as escolas e as famílias na província rural de Louisiana, onde ela começou sua carreira docente há mais de quarenta anos, e recordou como os professores criaram um ambiente de aprendizado "saudável", de tal forma que a escola era uma extensão da experiência que as crianças tinham da família e da comunidade. Nós notamos que a linguagem da mãe de Tara refletia uma maneira diferente de *pensar* sobre como as escolas podem dar conta das necessidades das crianças negras em contraste com o discurso de professores e pesquisadores de hoje, que estão preocupados não com o que as escolas deveriam fazer, mas com o que está *faltando* nos lares e nas comunidades das crianças urbanas. Em seu relatório de pesquisa, Tara escreveu a respeito da responsabilidade que os educadores têm com a mudança:

> Os educadores dentro e fora da sala de aula devem ser eloqüentes e deliberados ao falar [...] a respeito de mudança, e devem insistir nisso. Devemos permitir que nossos gestos sejam um eco de nossas vozes [...]. Devemos ensinar a nós mesmos e aos

---

[3] Daqui por diante, todos os nomes de alunos e parceiros da comunidade mencionados são pseudônimos.

EXPERIÊNCIAS ÉTNICO-CULTURAIS PARA A FORMAÇÃO DE PROFESSORES

outros sobre os benefícios potenciais de privilegiar o conhecimento da comunidade e as pessoas que detêm o conhecimento da comunidade.

Nenhum de nós era capaz de se lembrar de ter ouvido professores falando em mudar as escolas para oferecer um contexto "saudável" para o aprendizado, capaz de conectar o lar e a escola, muito embora nossas leituras no curso demonstrassem a eficácia dessa abordagem (MAIGA, 1995).

O pensamento africano, a prática educativa apresentada nos textos que utilizamos e a sabedoria que os alunos descobriram na comunidade, até mesmo em suas próprias famílias, deixaram-nos livres para repensarem os propósitos da educação (para os seus alunos e para si mesmos) e permitiram que eles se sentissem mais capazes e mais responsáveis para desafiar a pseudo-educação[4] e o ensino alienante. Isso se reflete em minha entrevista com Lois, uma ex-professora de escola pública que atualmente trabalha com desenvolvimento de pessoal e que está fazendo um doutorado em Liderança Educacional. Lois assistiu ao meu curso há dois anos; recentemente, quando lhe perguntei o que ela julgaria importante dizer a respeito do curso, ela disse:

> Nosso curso me deixou centrada em meu objetivo; é um curso que lhe aproxima de seu direcionamento. Passei a me conhecer um pouco melhor, aquilo que quero fazer, conhecer um pouco dos meus temores – coisas que eu não sabia a respeito de mim mesma. Passei a dizer a mim mesma: "Eu tenho a liberdade de ser quem eu sou – e não aquilo que os outros querem que eu seja" [...]. Afinal de contas, é disso que a educação devia tratar – particularmente nesse nível de estudos em que estamos. Nessa altura, a gente se pergunta "O que eu posso tirar dessa experiência que vai me deixar mais centrado para realizar meu potencial?"

Pedi então a ela que explicasse o que ela queria dizer com "ser centrado". Ela respondeu:

> No curso você falava sobre uma nova ordem social e sobre nossas responsabilidades. E, muito freqüentemente, não somos desafiados assim em educação [...]. Qualquer que seja nosso

---

[4] (N. do T.) No original, "miseducation".

direcionamento, ou nossa profissão, somos descentrados, não estamos no lugar para o qual deveríamos estar nos encaminhando, encontrando o caminho e sentindo essa [preocupação a respeito da mudança]

Finalmente, perguntei a Lois se ela diria que o curso a havia tornado mais confiante em aprender para servir. Ela me disse que em uma apresentação que ela havia feito recentemente, ligada ao desenvolvimento de pessoal em uma escola, usou essa citação de Shirley Chisholm "Serviço é o aluguel que pagamos por estar na Terra". Lois explicou que "Serviço tem a ver com reciprocidade, e essa é a mensagem que quero enviar [em meu trabalho] para os educadores".

A conversa com Lois motivou-me a falar com a ex-professora universitária e educadora comunitária com a qual Lois havia trabalhado em seu projeto para o curso. Expliquei que eu estava tentando compreender o que foi significativo a respeito do curso e a respeito da forma como foi ensinado. Nia se lembrou de ter ouvido outros alunos que ela conhecia falando a respeito do curso antes mesmo de ser a "convidada" de Lois. Ela disse:

> O que eu me lembro é que esses alunos – que eram muito diferentes uns dos outros – estavam tão excitados com esse curso. Eu os vi em uma sessão de leitura no campus. Eles valorizavam o que eles sentiam como sendo ferramentas que podiam usar em um sentido prático em relação à comunidade africana. Eles eram capazes de ver a relevância cultural e política do que eles estavam aprendendo – e isso era algo diferente, principalmente na *University of New Orleans*.

Só após falar com Nia me dei conta da importância especial desse curso para alunos de pós-graduação. Nia disse que "os alunos de pós-graduação se sentem forçados a viver em dois mundos", e o curso havia mostrado a eles que eles não têm de sentir assim – que eles podem decidir ser quem eles realmente são. Ela disse que pôde ver a diferença feita pela experiência desse curso na dissertação de um outro aluno da turma.

Nós também falamos a respeito da experiência dela como aluna de pós-graduação, vinte anos atrás, e sobre as razões que a levaram a deixar a academia para estabelecer um centro educacional na vizinhança:

"Quando eu estava dando aulas de educação, tinha grupos com alunos que eram todos americanos de origem europeia, e eles tinham idéias a respeito das crianças que se opunham à sua humanidade. Eu não tinha nenhum instrumento contra isso naquela época." Nia comentou ainda sobre minhas observações a respeito do aprendizado de outra aluna do curso, Connie, e lembrou do vídeo mostrado por ela. Connie, uma aluna branca, aprendeu bastante por meio de seu estudo mediado pela comunidade – aprendeu com o livro de Tedla, com o seu parceiro comunitário (um assistente social) e com a avó dele a respeito da vida da família negra e sobre os papéis e necessidades dos negros idosos. Depois de nos mostrar um trecho do vídeo da reunião que foi feita na família do assistente social em homenagem à avó dele, Connie explicou com segurança (utilizando a terminologia de Tedla, com base nas línguas africanas) porque a prática tradicional africana de lidar com os idosos é necessária em nossas comunidades hoje. Esse conhecimento cultural prático representa um dos "instrumentos" enfatizados por Nia:

> Veja, seu curso deu a essa pessoa instrumentos para trabalhar em uma comunidade na qual ela era culturalmente diferente. Com o povo negro isso tende a ser uma dificuldade menor já que, por causa da falta de respeito que é dirigida a nós, nós temos respeito pelas culturas e pelas diferenças dos outros. Os americanos de origem européia têm uma tendência maior para tentar fazer as pessoas se ajustarem a um molde. Seu curso deu àquela aluna algumas ferramentas que permitiram que ela crescesse como um ser humano.

O comentário final de Nia ecoou sentimentos que Lois e outros alunos haviam expressado: "Seu curso foi uma experiência educacional, e não uma experiência de treinamento. Aconteceu algo transformador".

Um outro aluno, George, explorou duas questões centrais que haviam sido levantadas na sala de aula ("O que as escolas fazem?" e "O que as escolas deviam fazer?") em um grupo de conversação que ele criou com sua família extensa e em uma longa conversa com seu próprio pai, o ancião da família. Em seu relatório, George reproduziu uma discordância acalorada e irresoluta, que emergiu entre os membros de sua família, sobre se a comunidade teria maiores benefícios ao segregar das escolas os "alunos-problema", "porque eles só impedem o progresso dos outros alunos", ou se a comunidade deveria descobrir maneiras de lidar com as necessidades de todos os alunos. Um ano depois, George incorporou esse debate em um esquete teatral baseado em resultados de pesquisa qualitativa, apresentado por ele na Escola de Educação e em uma cerimônia de entrega de prêmios aos alunos negros de pós-graduação. Em seu relatório para o curso, George apresentou sua própria conclusão a respeito do que os afro-americanos precisam "como um povo". "Para sobreviver e desenvolver-se como um povo", escreveu George, "os afro-americanos precisam aprender a pensar em termos comunitários". Isto é:

> Devemos tratar uns aos outros como irmãos e irmãs, e nos unir para: 1) educar nossas crianças; 2) garantir que o sistemas escolares deste país [...] tenham consciência de nossas necessidades, e sejam feitos para atender nossas necessidades. Como indivíduos, devemos trabalhar duro, ser assertivos, articulados e flexíveis. Devemos aprender e jamais nos esquecer de quem somos, a quem pertencemos, e qual é nosso propósito na vida.

As observações conclusivas de George refletem os compromissos que ele e outros alunos expressaram e abraçaram no decorrer do curso.

Além disso, as formas de memória cultural negra que os alunos recuperaram por meio de suas experiências de aprendizado mediado pela comunidade aparentemente lhes deram força e coragem para agir a partir de suas convicções e a partir do que eles haviam aprendido. Essas formas de memória cultural negra incluíam as crenças e os valores tradicionais da experiência negra compartilhada enfatizados pelos idosos, tais como a importância de:

1) ter fé em Deus, isto é, lembrar "a quem pertencemos";

2) respeitar o conhecimento de pessoas que não tiveram educação formal mas que têm conhecimentos práticos, experiência e sabedoria;

3) reconhecer o papel desempenhado pelos idosos na transmissão do conhecimento cultural entre as gerações e na socialização da juventude; e

4) reconhecer o poder autolegitimador de aprender a "ouvir corretamente" (KEKEH, 1994) o discurso que "diz a verdade e dá testemunho" (KING; MITCHELL, 1995).

Finalmente, eles reconheceram o potencial da memória cultural negra como uma arma na luta contra a pseudo-educação e o ensino alienante e se deram conta de que estão engajados em nada menos que na histórica luta negra por uma educação libertária e pela natureza humana – uma luta por eles mesmos, pela sua (nossa) comunidade, e pela humanidade (KING, 1992).

Envolver significativamente pessoas da comunidade na educação de alunos de pós-graduação permite que a próxima geração de intelectuais e pesquisadores acadêmicos pratique um "pensamento orientado para a comunidade", um aprendizado mediado pela comunidade, e um processo de construção do conhecimento centrado culturalmente. Recuperar a memória cultural Negra dessa forma foi transformador, desafiador e capacitador. Os alunos também foram capazes de reconhecer a "capacidade de pensar corretamente" presente na epistemologia e no pensamento Africano, nas tradições partilhadas e nas práticas culturais que estão sendo passadas adiante na comunidade Negra e nas suas próprias famílias, mesmo que a memória cultura Negra esteja ameaçada pelo ensino alienante e pela supremacia branca. A reflexão crítica na sala de aula e junto com a comunidade a respeito da epistemologia e das práticas sociais que geram problemas como a redução do número de contratados nas empresas, o desemprego endêmico, e a violência juvenil capacitaram estes alunos de pós-graduação não apenas a "ler" a "palavra", mas a pensar novas maneiras de desafiar não apenas o ensino alienante, mas a estrutura social existente. E, como Sylvia Wynter insiste, em tom urgente, isso deve ser feito a partir da perspectiva dos "oprimidos", e para o seu benefício.

Referências

BANKS, J.; Banks, C. (E's.). *Handbook of research on Multicultural education.* NY: Macmillan, 1995.

COURLANDER, H. *The African.* NY: Crown Publishers, 1974.

DIXON, M. The Black writer's use of memory. In: G. Fabre; R. O'Meally (Eds.). *History and memory in African-American culture.* NY: Oxford University Press, 1994, p. 18-27.

FASHEH, M. "Community education: To reclaim and transform what has been made invisible". *Harvard Educational Review*, 60 (1), 1970, p. 19-35.

KEKEH, A. Sherley Anne Williams' Dessa Rose: History and the disruptive power of memory. In: G. Fabre; R. O'Meally (Eds.). *History and memory in African-American culture*. NY: Oxford University Press, 1994, p. 219-227.

KING, J. "Culture-centered knowledge: Black Studies, curriculum transformation, and social action". In: J. Banks; C. Banks, (Eds.) *Handbook of Research on Multicultural Education*. NY: Macmillan, 1995, p. 265-290.

KING, J. "Diaspora literacy and consciousness in the struggle against miseducation in the Black community". *Journal of Negro Education*, 61 (3), 1992, p. 317-340.

KING, J.; MITCHELL, C. *Black mothers to sons: Juxtaposing African American literature with social practice*. NY: Peter Lang, 1995.

MAIGA, H. "Bridging classroom, curriculum, and community: The Gao School Museum." *Theory Into Practice*, 34, 1995, p. 209-215.

MARGOLIS, E.; ROMERO, M. "The department is very male, very white, very old, and very conservative: The functioning of the hidden curriculum in graduate sociology departments". *Harvard Educational Review*, 68 (1), 1998, p. 1-32.

SHUJAA, M. *Too much schooling, too little education: A paradox of Black life in White societies*. Trenton, NJ: Africa World Press, 1994.

TEDLA, E. Sankofa: *African thought and education*. NY: Peter Lang, 1995.

WYNTER, S. "No humans involved: An open letter to my colleagues". *Voices of the Black Diaspora*, 8 (2), 1992, p. 13-16.

"MAS, AFINAL, PARA QUE INTERESSAM A UM CIGANO AS EQUAÇÕES?"

Márcia Ondina Vieira Ferreira

Antes de mais nada gostaria de propor ao leitor[1] um pequeno exercício: que procure lembrar se em algum momento de sua vida escolar sentiu-se discriminado por alguma particularidade, vinda de algum colega, ou professor, ou pai ou mãe de colega, ou funcionário etc. Discriminado por qualquer motivo: por cor da pele, por sotaque ao falar, por sua aparência ou defeito físico, por supostamente ser considerado menos inteligente que os demais, mais sensível que os demais, por ter ancestrais de distintos grupos étnicos...

Talvez você não recorde nenhuma situação em que se sentiu discriminado, mas isso pode provir da condição específica das pessoas que se interessam por livros na área de educação: o fato de que nós já pertencemos ou ingressamos no mundo da cultura majoritária. Essa não é a condição, entretanto, da maioria das crianças e dos jovens que estão na escola.

Nós poderíamos fazer outros exercícios, por exemplo, que você examinasse, num local público, as similitudes ou diferenças entre a aparência física, a forma de vestir-se, de comunicar-se etc., das pessoas ao seu redor. Mas agora eu gostaria que você guardasse essas lembranças e constatações em alguma parte do seu cérebro, para que possa, mais tarde, fazer relações entre elas e o que apresentarei a seguir.

A frase entre aspas que está no título deste texto foi extraída de uma pesquisa que realizei sobre o processo de escolarização das crianças

---

[1] A versão original deste texto foi apresentada no Seminário *"Formação de Professores: O Estado da Crise"*, realizado de 9 a 11 de dezembro de 1998, e organizado pela Faculdade de Educação da UFPel.

ciganas na Espanha. Tal frase foi retirada da fala de uma professora de ensino básico numa escola onde estavam representados vários grupos étnicos e também crianças que necessitavam de educação especial, e fazia parte de uma conversa a respeito de quais conteúdos de ensino deveriam ser oferecidos para a minoria cigana. Essa professora, a partir de seus referenciais de interpretação a respeito do papel da escola, do seu próprio papel como professora, e, logicamente, do papel que atribuía ao grupo cigano na sociedade, apresentava alguns conhecimentos que seriam oportunos para o processo de formação dos ciganos, no caso *"saber ler, escrever e fazer cálculos. Para que interessam a um cigano as equações?"*, concluía ela. O destaque que quero dar a essa frase é que ela expressa o poder que têm os docentes de delimitar aquilo que *é* e o que *não é socialmente útil para seus alunos*. Talvez o que essa professora não percebesse é que, na sua opção por distribuir o conhecimento de acordo com supostas particularidades dos ciganos, ela colaborava na determinação do papel social que a sociedade majoritária atribui/ impõe a esse grupo, no caso, um grupo marginalizado e em situação de extrema desigualdade social.

Mas a concepção apresentada por essa professora não era uma concepção solitária. De fato, guarda semelhança com as representações dos docentes do colégio estudado, a respeito das realizações acadêmicas dos seus estudantes ciganos:

> A posição majoritária parece ser aquela que já prevê o insucesso escolar e social dos alunos, como resultado 'natural' de sua origem sócio-econômica e cultural. A cultura não é considerada distinta, mas inferior e, logo, nenhuma intervenção pedagógica apresentaria possibilidades de retirá-los de seu 'estado primitivo'. Demonstram este primitivismo não só o péssimo desempenho intelectual dos ciganos, como também seus comportamentos cotidianos tais como *'a falta de higiene'*, *'a facilidade para envolver-se em brigas'*, a incapacidade de *'manter-se quietos, falar no momento adequado e serem pontuais'*, enfim, de obedecer a uma lógica própria da escola ocidental, *'paya'* [não-cigana] e construtora de indivíduos adaptados. Toda esta elaboração está condimentada por pitadas de racismo: o 'efeito Pigmalião' não se reduz a alunos em particular, mas se dirige à minoria cigana; quando algum cigano destaca-se positivamente no colégio, atribui-se isto às (boas) influências de não-ciganos sobre sua família. (FERREIRA, 1997, p. 193-194)

Assim, a partir da motivação que o título de minha contribuição nos oferece, a opção que tomei para discutir o tema da diversidade cultural e a formação das e dos educadores foi convidá-los a refletir sobre o lugar que as culturas populares ocupam dentro da instituição escolar, para em, segundo lugar, poder discutir por que a desconsideração da diversidade cultural significa colaborar com processos de desigualdade educativa e social. Num terceiro momento, e para concluir, destacarei algumas possibilidades de inversão do domínio da cultura majoritária dentro da escola e suas consequências para a formação docente.

Para desenvolver este esquema, sustentarei a discussão em algumas teses, bastante articuladas. A primeira delas é: *a existência de diferenças culturais foi e continua sendo a característica mais marcante de toda a história da humanidade. O importante, entretanto, não é discutirmos simplesmente os traços dessa diversidade, mas procurarmos estudar, em cada circunstância, como as diferenças foram transformadas em desigualdade, ou seja, como as diferenças foram e são utilizadas como justificativas para a manutenção de situações de desigualdade social.*

Há acordo entre diversos analistas da diversidade cultural que na história da humanidade encontramos os preconceitos dirigidos a determinados grupos como justificativas para situações de opressão. O problema é que, diante de recursos escassos ou desejo de ampliação do poder político e econômico, tem que haver alguma forma de provar a superioridade do grupo que quer dominar, para criar coesão em torno da necessidade de dominação. Tomando como exemplo a suposta existência de diferentes raças e da superioridade de umas em relação as outras, aquilo que chamamos de *racismo*, só se tornou uma categoria explicativa de processos de desigualdade social a partir do século XIX, com o colonialismo, o desenvolvimento da ciência e da indústria, o crescimento urbano, a imigração, a miscigenação, o auge dos nacionalismos e, por outro lado, a necessidade das guerras, a criminalidade, a enfermidade mental etc. (FOUCAULT, 1992; WIEVIORKA, 1992).

Com isso não estou dizendo que não havia situações de discriminação a partir de diferenças antes do século XIX. Mas o fato é que a necessidade de mobilizar uma sociedade inteira por meio de preconceitos é uma característica da sociedade burguesa, bastante instável desde seu surgimento para necessitar de preconceitos de grupo. Agnes

Heller recorda que o típico, anteriormente, era o "respeito pelo inimigo: gregos e troianos estimavam-se reciprocamente, do mesmo modo como as grandes famílias que combatiam entre si durante o feudalismo clássico" (1989, p. 55).

Entretanto, como justificar a razão das ações coloniais desenvolvidas pelos povos ocidentais, senão atribuindo aos colonizados uma inferioridade genética, cultural e moral?

Ainda assim, cabe destacar que em quase todas as sociedades houve e há grupos párias, isto é, renegados pelo conjunto da sociedade. Para dar um exemplo histórico, ciganos e judeus são párias em qualquer sociedade e em distintos períodos históricos, o que explica porque foram alvos do genocídio nazista e do silêncio que, à época, tomou conta das ações políticas dos governos e até mesmo da Igreja Católica.

Mas, deixando de lado as imaginárias diferenças raciais e os preconceitos que daí advêm, os demais grupos desprivilegiados das sociedades: por que o são? Porque existem determinadas características em alguns grupos que estão *inscritas* neles, e que como tal são usadas para atribuir-lhes posições inferiores na sociedade. Essas diferenças são, por exemplo, as de gênero, as étnicas, as de geração. Deste modo, por meio do que Fernández Enguita (1993) chama de *relações de privilégio*, os positivamente privilegiados melhoram suas chances de converterem-se em exploradores ou, ao menos, explorados mas integrados ao sistema de produção e de distribuição, enquanto os negativamente privilegiados dobram suas chances de converterem-se em explorados ou, na pior das hipóteses, em excluídos.

Por fim, gostaria de deixar claro, ainda, que as posições desiguais que determinados grupos têm na sociedade implicam relações de diferentes níveis com a cultura majoritária. No caso das mulheres, por exemplo, podem pertencer a mesma cultura ou subcultura que os homens de sua classe social, diferenciando-se deles pelo papel social que ocupam; os grupos juvenis podem elaborar subculturas a partir da cultura de sua classe social; enquanto os grupos étnicos, esses sim, diferenciam-se uns dos outros pela sua cultura, mas que, de todas as formas, sofre interferências das outras (FERNÁNDEZ ENGUITA, 2000).

A segunda tese, logo, é: *se, então, a diversidade cultural é a característica fundamental de todas as sociedades, mas se ela costuma ser usada de modo a desfavorecer os grupos sem poder nas mesmas, dentro da escola isto também acontece. Dentro da escola essa diversidade é esquecida, é tornada invisível, e substituída por uma concepção monocultural que reveste tudo o que nela acontece: a seleção curricular, o trabalho pedagógico cotidiano, a imposição de normas e valores, o processo de avaliação etc.*

A escola, tal como a conhecemos hoje, foi criada para atender aos interesses de um determinado grupo, a burguesia ascendente. Ao mesmo tempo em que a burguesia começa a estender a escolarização a outros segmentos sociais, simplesmente produziu-se o ingresso de outros grupos sem que, em nenhum momento, houvesse uma reflexão sobre a pertinência dos conteúdos e formas de ensino desenvolvidos na escola como correspondentes a todos. Ao contrário, as distintas políticas dirigidas a resolver esses problemas simplesmente atribuíram déficits culturais ou intelectuais aos grupos desprivilegiados, como veremos adiante.

Assim, a diversidade que, de fato, compunha e compõe o universo dos estudantes que começam ter direito à escola, tem que se acomodar àqueles valores e formas de interpretar o mundo que fazem parte do universo dos grupos que criaram a escola, aquilo a que chamamos de *cultura* majoritária e que representa apenas um dos padrões culturais vigentes na sociedade.

Isto não ocorre totalmente por uma maldade implícita nas atitudes de docentes e legisladores, acontece também por uma inércia presente nas formas estratificadas de pensar o que seja o conteúdo da escola, os conhecimentos que devemos propagar, as atitudes que devemos desenvolver. Mesmo se não nos dermos conta, o processo de ensino-aprendizagem leva à produção de conhecimento, à produção da realidade. Os seres humanos passam a interpretar a realidade a partir de distintas experiências, inclusive as escolares. Desse modo, os docentes têm muita força, por sua presença diária na vida das pessoas, ao dizer sempre o que tem de ser feito e como deve ser feito. Mesmo que os docentes não trabalhassem nada em termos de conteúdos cognitivos, ainda assim estariam ajudando na produção de conhecimentos, estabelecendo referenciais que colaboram na construção da realidade, estabelecendo, enfim, como o mundo tem de ser.

A terceira tese é: *o esquecimento da diversidade não representa apenas a desconsideração das culturas dos grupos sem poder na sociedade. O problema central é que essa desconsideração conduz a processos de aumento da desigualdade social, sempre que uma grande parcela da população escolar que não se identifica com a cultura da escola é excluída, ainda dentro da instituição, sendo impedida, então, de receber as informações e conhecimentos mínimos para disputar espaços sociais em igualdade de condições com outros grupos mais acordes aos valores culturais pregados na mesma.*

Aqueles, então, cuja cultura de origem difere daquela desenvolvida na escola – e são a maioria – sofrem terrivelmente para adaptar-se. É como se, de repente, despertássemos num outro país, com outro idioma, e ninguém se esforçasse para entender nossa solidão e nossas tentativas de comunicação. Múltiplos estudos já demonstraram que aquilo que chamamos de *fracasso escolar*, na verdade, representa o fracasso da escola no tratamento da diversidade de formas de aprender e sentir a vida que os grupos desprivilegiados trazem como bagagem.

Em alguns casos, no entanto, essas lacunas são muito mais perigosas: do meu ponto de vista, fundamentalmente quando há, na escola, não simplesmente subculturas de classe, mas culturas étnicas diferentes. É o caso, por exemplo, dos imigrantes e nômades em muitos países, dos afrodescendentes no Brasil. Porque nessas circunstâncias, na maioria das vezes, ocorre uma negação absoluta da identidade das pessoas, daquilo que as torna, de fato, pessoas. A escola colabora, nesse sentido, na desvalorização de certos grupos, que ou não são considerados grupos, portanto não tendo existência ou, quando existem, valem menos que os demais.

Eu vou reproduzir aqui trechos do diário de campo de minha pesquisa, que expressam esse sentimento de desvalia:

"A professora dá a pasta de Juanjo à estagiária, pedindo-lhe que o ajude a ler. Isto parece agradar ao menino. A estagiária senta-se com ele, e a professora o separa de seu colega, com quem conversava. A professora me explica em voz audível que 'quando vem uma estagiária ela nos ajuda com as crianças mais atrasadas'. Uma das alunas ciganas nos olha. Sinto-me mal, como se seu olhar me acusasse de algo". (5ª série)

"Os quatro ciganos tentam copiar palavras em folhas quadriculadas, mas de péssima maneira. Freqüentemente vêm a mim para pedir opinião sobre sua caligrafia. Às vezes um critica o outro. Quando parece que os alunos estão cansados da tarefa, a professora lhes diz que podem desenhar. Os ciganos lhes mostram a tarefa e ela acaricia a cabeça de Manuel, dizendo-lhe 'fizeste o que pudeste'. Isto marcou-me muito, como se para ela seus limites não pudessem ser superados (e ele só tem 7 anos!). Além disso, em nossa rápida conversa, explicou-me que todos têm bolsas para alimentar-se, o que é 'dinheiro jogado fora'. Interpretei esta asserção no sentido de que não iriam aproveitar seus estudos de qualquer maneira, e que as bolsas deveriam servir para os alunos que, de fato, seguiriam em frente; não parece que ela quisesse simplesmente negar-lhes a comida". (1ª série).

"A professora acompanha o trabalho de muitos, inclusive das meninas de integração,[2] mas não o dos três ciganos que estão sentados juntos. Eles brigam entre si durante toda a tarefa, principalmente Manuel e Pedro, mas ela não se importa. Eles se atiram os lápis de cera, e riscam a mesa. Só então lhes chama a atenção, em tom alto: "Os números, não os fizeram, mas a mesa, está maravilhosa". (1ª série)

O que essas situações revelaram, associadas a uma série de outros fatores por mim investigados, é que a posição majoritária na instituição escola é oferecer a seus alunos provenientes das minorias duas opções: ou se adaptam, negando sua cultura de origem, ou fracassam. Quando alguma criança cigana se destacava por seu desempenho intelectual, os e as docentes da escola borravam seus traços de inscrição étnica e os reclassificavam em outra categoria: *"é cigano, mas seus pais não convivem com ciganos, e sim com não-ciganos"*. Parece que o professorado necessitava sujeitar-se a essa representação, caso contrário teria que admitir que estava equivocado, e isso é uma coisa bastante complexa.

Observe-se que nem estou falando aqui de todas as políticas educacionais elaboradas com a função de "resolver" o problema de aprendizado das crianças dos grupos desprivilegiados. Essas, como as políticas de educação compensatória, não têm se ocupado de transformar a escola conforme as necessidades dos grupos que nelas participam, porque, em sua ótica, não é a escola que apresenta problemas, e sim os estudantes. Como já disse, a escola pensa oferecer os conteúdos, os métodos, o processo de seleção e os hábitos adequados para qualquer circunstância.

Mas ainda existe outro problema, que é a negação, expressa pelo fracasso escolar, da possibilidade de que os grupos desprivilegiados venham a obter, por meio das credenciais educacionais obtidas na escola, igualdade de condições para disputar espaços no mundo do trabalho junto aos grupos privilegiados. Esse é um dos maiores fracassos da sociedade democrática ocidental. Não é necessário apresentarmos dados estatísticos porque todos sabem que o negro na sociedade brasileira proporcionalmente alcança piores níveis educacionais e oportunidades de trabalho.

A quarta tese pode ser assim esboçada: *a escola só poderá reverter seu histórico comportamento impositivo quando os grupos prejudicados pela dominação conseguirem, também, fazer ouvir sua voz.*

---

[2] A escola espanhola gradativamente vem incorporando crianças com deficiências intelectuais ou físicas, o que vem sendo chamado de processo de *integração*.

É impossível pretender o êxito acadêmico dos grupos desprivilegiados na sociedade atual sem que a sua forma de interpretar a realidade seja, ao menos, admitida dentro da escola. Cumpre aos docentes comprometidos com os setores desprivilegiados colaborarem para que esses possam manifestar sua cultura.

Não há, necessariamente, nada que impeça os docentes de colaborarem com os segmentos desprivilegiados para dar-lhes voz, ou seja, permitir que suas distintas identidades possam manifestar-se, no intuito de projetar sobre a escola a tarefa de promover uma educação intercultural, que busque a tolerância e o respeito à diversidade, inaugurando novas formas de conhecer e novos objetos de conhecimento. Por que os conservadores temem tanto a introdução de conteúdos e formas de ensino que demonstrem o valor dos grupos sem privilégios? Porque isso significaria pôr abaixo um tipo de sociedade sustentada no saber de poucos, porque o saber dá poder.

Portanto, dar voz a esses grupos é valorizar a sua identidade e sua capacidade de criar formas de interpretar a sociedade. É, em síntese: *dar-lhes poder*.

Porém, em primeiro lugar os docentes necessitam dar-se conta dessa situação. Caberia, agora, dar algumas pistas sobre a questão da formação docente para o tratamento da diversidade.

No contexto europeu e estadunidense, pleno de imigrantes e minorias étnicas em geral, os conflitos étnico-raciais têm forçado a elaboração de políticas sociais e educacionais que atendam às especificidades das minorias. Já, aqui, é menor o número de denúncias e de pesquisas sobre a situação das minorias. No entanto, podemos levantar algumas ideias sobre o processo de formação docente para a diversidade cultural:

1) Quem deve ser formado: todos os docentes, não só os mais motivados.

2) Para que: para o interculturalismo, isto é, para aprender a educar todos valorizando a diversidade cultural, não para educar as "minorias".

3) Quando: a formação deve ser cotidiana, não eventual, não alicerçada em somente mais uma disciplina no currículo acadêmico.

Portanto, gradativamente deve-se abandonar a ideia de utilizar programas de educação compensatória para atender as supostas defasagens das minorias, bem como concepções que sustentem a importância do biculturalismo, isto é, a educação de diferentes grupos culturais em separado.

Por outro lado, deve-se enfatizar a mudança de atitudes, para que os docentes vejam-se como participantes de uma sociedade multicultural. Assim, no processo de formação, além dos conhecimentos sobre outras culturas, é necessário que os futuros docentes revejam suas próprias crenças a respeito de outros grupos. Jordán (1994, p. 110) assinala que

> [...] quando os docentes experimentam – mediante registro de incidentes, gravações, observações de terceiras pessoas etc. – suas reações espontâneas, seu modo de dirigir-se aos alunos diferentes [...], são menos reticentes – depois de sua surpresa – a mudar suas atitudes; somente pois, 'a posteriori' podem ajudar muito positivamente outros mecanismos formativos como: a reflexão, os debates sobre tópicos desta índole [...] e uma série de leituras bem escolhidas.

Ainda segundo Jordán, também é importante o papel dos estágios supervisionados, realizados em classes cujos docentes regentes já realizem trabalhos tendo em vista a educação para a diversidade, e que esses docentes possam colaborar, com sua experiência, no processo de formação dos futuros professores. Nesses estágios, os futuros docentes deveriam ingressar num processo de imersão nas novas culturas, de modo a vivenciar os seus valores e aprender a valorizar a riqueza de viver-se numa sociedade multicultural.

Além disso, devemos promover espaços para criar materiais pedagógicos alternativos, que busquem espelhar experiências culturais diversas, realizadas por docentes e alunos como forma de produção do conhecimento. Há que convir que esses materiais não existem prontos e nem fariam sentido prontos, como simples implementação de conteúdos elaborados em outros contextos. (Para terem uma ideia, os materiais pedagógicos elaborados pelos educadores pertencentes à organização *Enseñantes con Gitanos*, na Espanha, têm sido apropriados pelo próprio *Ministerio de Educación y Cultura* daquele país).

Gostaria de concluir citando Canclini (1989, p. 25), que numa frase torna preciso como eu entendo o sentido da educação intercultural:

> A gente pode esquecer-se da totalidade quando só se interessa pelas diferenças entre os homens, não quando se ocupa também da desigualdade.

Referências

CANCLINI, Néstor García. *Culturas híbridas; estrategias para entrar y salir de la modernidad.* México: Grijalbo, 1989.

FERNÁNDEZ ENGUITA, Mariano. Redes económicas y desigualdades sociales. *REIS*, Madrid, n. 64, p. 41-79, oct./dic. 1993.

FERNÁNDEZ ENGUITA, Mariano. "Os resultados desiguais das políticas igualitárias; classe, gênero e etnia na educação". In: FERREIRA, Márcia O.V.; GUGLIANO, Alfredo A. *Fragmentos da globalização na educação; uma perspectiva comparada.* Porto Alegre: Artes Médicas, 2000, p. 209-225.

FERREIRA, Márcia Ondina Vieira. *Educación compensatoria: políticas educativas, discursos y prácticas pedagógicas cotidianas en la escolarización del alumnado gitano – fabricando la desigualdad* (Madrid, 1993/1995). Salamanca: Universidad de Salamanca, 1997. (Tesis doctoral).

FOUCAULT, Michel. *Genealogía del racismo; de la guerra de las razas al racismo de Estado.* Madrid: La Piqueta, 1992.

HELLER, Agnes. "Sobre os preconceitos". In: _____. *O cotidiano e a história.* 3. ed. Rio de Janeiro: Paz e Terra, 1989. p. 43-63.

JORDÁN, José Antonio. *La escuela multicultural; un reto para el profesorado.* Barcelona: Paidós, 1994.

WIEVIORKA, Michel. *El espacio del racismo.* Barcelona: Paidós, 1992.

AFINAL, QUEM EDUCA OS EDUCADORES INDÍGENAS?

Rosa Helena Dias da Silva

Iniciando a conversa: escolhendo um caminho para a reflexão

> *[...] é necessário formar e valorizar profissionais voltados para a própria comunidade, visando a nossa autonomia e para que as escolas sirvam como instrumento para a permanência dos jovens em nossas aldeias e não como portas de saída.*[1]

> *A escola é porta onde podem entrar coisas boas e coisas ruins, como a corrupção. O professor vigia esta porta que chama escola para que entrem só as coisas boas e não o que não presta. O professor é agente de transformação para melhor. Ele tem poder frente ao futuro, pois ele conhece o passado.*[2]

A questão da formação de educadores[3] e de professores indígenas tem-se destacado nos últimos anos, no cenário indígena e indigenista (oficial e alternativo), quer enquanto reivindicação do movimento indígena, em especial dos professores, quer enquanto políticas públicas, que procuram atender a essa "demanda", no bojo da problemática da oficialização das escolas indígenas.

Avanços legais – que têm como expressão máxima a Constituição Federal de 1988 e, mais recentemente, com respeito à educação, a nova

---

[1] Documento final do IX Encontro dos Professores Indígenas do Amazonas, Roraima e Acre – São Gabriel da Cachoeira/AM, 1996.

[2] Relatório do VIII Encontro dos Professores Indígenas do Amazonas, Roraima e Acre – Boa Vista/RR, 1995.

[3] Inspirei-me, na escolha do título deste trabalho, no texto de autoria de Luiz Antônio Cunha, "Quem educa os educadores?", publicado na Revista Educação e Sociedade. São Paulo, n. 5, 1980.

Lei de Diretrizes e Bases da Educação Nacional,[4] têm contribuído para o surgimento deste novo quadro (complexo e conflituoso), quer seja: do reconhecimento da alteridade constitutiva da nação e do chamado "direito à diferença", ao superar, na legislação, a premissa integracionista, deixando emergir como novo enfoque das relações, a temática da autonomia. Segundo Guimarães (1996),

> [...] a substituição da perspectiva incorporativista pelo respeito à diversidade étnica e cultural é o aspecto central que fundamenta a nova base de relacionamento dos povos indígenas com o Estado.[5]

Nesse processo de reconhecimento do Brasil como país pluricultural e dos povos indígenas como totalidades socioculturais que dele fazem parte têm-se complexificado inúmeros debates, como é o caso exemplar da noção de "cidadanias indígenas" e da necessidade de políticas públicas alternativas – isto é, que deem conta da diversidade de realidades, experiências e situações históricas vividas pelos povos indígenas.

Nesse contexto, sobressai, com bastante intensidade, a discussão acerca dos limites e possibilidades, dilemas e contradições das escolas indígenas, no processo mais amplo de estabelecimento de novas relações entre os povos, o estado e a sociedade civil.

Para pensar mais detidamente em uma das questões que surgem na esteira da reflexão e das práticas de escolarização indígena – a formação e o papel dos professores indígenas – estarei, neste texto, retomando ideias e revisitando análises explicitadas em trabalhos anteriores.[6] Coloco-me como desafio, ao reler os próprios escritos, assim como os diversos Relatórios dos Encontros do Movimento dos Professores Indígenas da Amazônia,[7] concentrar meu olhar e curiosidade investigativa no problema da formação dos professores indígenas, tendo como

---

[4] Inúmeras são as normas legais (como é o caso do Decreto 26 – 04/02/91, da Portaria 559 – 16/04/01 e da recém-aprovada Resolução do Conselho Nacional da Educação) que regulamentam a questão da educação escolar indígena.

[5] GUIMARÃES, Paulo Machado. "A polêmica do fim da tutela aos índios". Brasília, 1996, texto datilografado.

[6] Em especial, minha tese de doutorado intitulada *A autonomia como valor e a articulação de possibilidades: Um estudo do movimento dos professores indígenas do Amazonas, Roraima e Acre, a partir dos seus Encontros anuais*, publicada por Abya-Yala, Quito/Ecuador, 1998.

[7] Já foram realizados doze encontros anuais. No último evento, realizado em Manaus, em agosto de 1999, com participação de mais de 140 pessoas, os professores indígenas decidiram, após reflexão sobre os rumos e ampliação de seu processo articulatório e organizativo, alterar o nome de seu

referencial, o tema da autonomia indígena, no marco das discussões realizadas pelo movimento dos professores indígenas da Amazônia e seu esforço de construir uma política indígena para a educação escolar, além de seu constante embate com as políticas da educação nacional.

Algumas questões estarão norteando essa busca: a escola, um dos principais instrumentos usados durante a história do contato para descaracterizar e destruir as culturas indígenas, pode vir a ser hoje um instrumental decisivo na reconstrução e afirmação das identidades sociopolítico-culturais? Pressupondo-se essa possibilidade, qual é o papel dos novos agentes político-culturais que surgem nessa nova situação educativa, ou seja, os professores indígenas? Quais são os saberes necessários a essa nova prática pedagógica? Onde e como "adquiri-los"? Afinal, quem educa os educadores indígenas?[8]

Algumas questões iniciais para pensar nas escolas (para) indígenas: percorrendo atalhos

Como se sabe, historicamente, projetos de educação escolar para as populações indígenas têm sido implementados, fundados na ideia de que é necessário "fazer a educação do índio". Em outras palavras, escola e alfabetização entram em cena como sinônimos de educação. Como lembra Meliá (1979), "pressupõe-se que os índios não têm educação, porque não têm a nossa educação".[9] Assim, a perspectiva oficial de escolarização indígena fundamentou-se no entendimento etnocêntrico de que – por não possuírem a instituição denominada "escola" – os povos indígenas não possuem sistemas educacionais.

Contrariamente a essa tendência hegemônica, a história dos povos indígenas no Brasil, nesses 500 anos, tem mostrado não só a existência de formas próprias de educação, ou seja, de sistemas indígenas de educação, como também a sua eficácia e força criativa na dinâmica

---

movimento, anteriormente conhecido como Comissão dos Professores Indígenas do Amazonas, Roraima e Acre (COPIAR), para Conselho de Professores Indígenas da Amazônia (COPIAM).

[8] Desde logo é preciso dizer que, mais do que responder a essas questões – pertinentes à problemática da presença da escola na vida indígena e do esforço do movimento indígena (e indigenista) em "indianizá-las", ou seja, de construir modelos próprios de escola – é possível que a reflexão pretendida neste texto aguce ainda mais essas indagações, posto que, por um lado, é uma temática nova na história da educação brasileira e, por outro, surge, no contexto dos movimentos indígenas – com destaque aos dos professores – com maior intensidade na última década. Sendo assim, é um problema que carece/merece ainda muito estudo e aprofundamento.

[9] MELIÁ, Bartomeu. *Educação Indígena e Alfabetização*. São Paulo: Loyola, 1979, p. 9.

do contato com o/os "outro/s", balizando os processos de resistência, permanência e/ou mudanças culturais.

Esses modos próprios de educar, que chamarei de "pedagogias indígenas", constituem-se, no meu entendimento, valor fundamental que deve também orientar os trabalhos escolares. Assim, concebe-se a escola não como o único lugar de aprendizado, mas como um novo espaço e tempo educativo que deve integrar-se ao sistema mais amplo de educação de cada povo. Segundo o depoimento de um professor indígena, a escola

> [...] é uma maneira de organizar alguns tipos de conhecimento para ensinar às pessoas que precisam, através de uma pessoa que é o professor. Escola não é o prédio construído ou as carteiras dos alunos, são os conhecimentos, os saberes. Também a comunidade possui sua sabedoria para ser comunicada, transmitida e distribuída.[10]

Assim, para uma mudança no entendimento e nas posturas inicialmente apontadas quanto aos projetos de escolarização impostos aos índios, é extremamente importante reconhecer que os povos indígenas mantêm vivas as suas formas de educação tradicional, que podem contribuir na formação de uma política e prática educacional adequada, capaz de atender aos anseios, interesses e necessidades diárias da realidade hoje.

Uma outra questão inicial está ligada à avaliação de que a escola é hoje uma espécie de necessidade "pós-contato", que tem sido assumida pelos índios, mesmo com todos os riscos e resultados contraditórios já ocorridos ao longo da história. A escola, nesse contexto, tem sido vista como um lugar onde a relação entre os conhecimentos tradicionais e os novos conhecimentos poderão se articular de forma equilibrada, além de ser uma possibilidade de informação a respeito da sociedade nacional, facilitando o "diálogo intercultural" e a construção de novas relações, igualitárias.

O desafio que se coloca é o de pensar as escolas indígenas – e, ao cerne dessa reflexão, o papel dos professores indígenas e a crucial questão de sua formação – nos seus limites e possibilidades, dentro

---

[10] Palavras do Prof. Gersem dos Santos Luciano, povo Baniwa, região do Rio Negro/AM, publicada no Informativo FOIRN/Educação, São Gabriel da Cachoeira, 1996.

da realidade atual, cada dia mais norteada por tendências homogeneizadoras e globalizantes.

Algumas citações ilustram a avaliação dos índios quanto à presença das escolas em suas vidas e as possibilidades vislumbradas, quanto ao futuro:

> Para nós, a escola é um instrumento para nos defender, conhecer e entender melhor o mundo do branco, para enfrentar as políticas contrárias e proteger a nossa cultura. No meio de toda esta dificuldade, uma parte está sendo aproveitada para chegar com o objetivo surgido pela comunidade. Agora nós já temos professor próprio e a criança continua e continuará aprendendo. Não tem como parar.[11]

> A escola foi o principal instrumento de destruição cultural dos povos, mas também pode ser o principal instrumento de reconstrução e afirmação de uma nova era [...]. Particularmente, os dez anos de trabalho na FOIRN – Federação das Organizações Indígenas do Rio Negro, sempre dedicados à luta mais global dos índios e mais precisamente à educação indígena, me convenceram de que o caminho da educação escolar indígena é a nossa grande esperança de conquista definitiva dos nossos direitos e da nossa terra.[12]

Ressignificando a escola, ou, o processo de "indianização" da instituição escolar

Poderia afirmar que, ao aceitar a escola, e mesmo ao reivindicá-la, os índios a têm "ressignificado", dando a ela um novo valor: a possibilidade de decifrar o mundo "de fora", "dos brancos". Em síntese, decifrar a nova realidade advinda do contato. Assim, como afirma Bonin (1999), longe de ser uma "adesão" ao nosso modelo, é, neste sentido, uma "estratégia de resistência".[13]

Dentro dessa análise, uma questão fundamental é a da criação e autogestão dos processos de educação escolar indígena, ou seja, os próprios povos indígenas poderem discutir, propor, decidir, enfim, realizar

---

[11] Documento dos Guarani do Ocoy/PR sobre Escola e Currículo Indígena, abril/1995, texto digitado.
[12] Prof. Gersem dos Santos Luciano, Informativo FOIRN/Educação, 1996.
[13] BONIN, Iara Tatiana. *Encontro das águas: educação e escola no dinamismo da vida Kambeba.* Dissertação de Mestrado, Programa de Pós-Graduação em Educação/UnB, 1999.

– não sem dificuldades, tensões e contradições – seus modelos e ideais de escola, segundo seus interesses e necessidades imediatas e futuras.

Vejamos, em dois depoimentos, como os professores indígenas têm analisado essa questão:

> A escola entrou como um corpo estranho. A escola entra e se apossa da comunidade. Não é a comunidade que é seu dono. Hoje, os índios começam a dar as regras para o jogo da escola: 'tá, você fica aqui, mas dessa forma!' Temos leis que dão respaldo, mas ainda não estamos sabendo usar.[14]

> Precisamos pegar esses mecanismos colocados de fora (no caso, a escola) e fazer deles parte da nossa sociedade. Precisamos nos organizar como povo: preservar nossa cultura, nossa língua... mas não podemos preservar a fome![15]

O que podemos perceber é que, nos processos de concretização das escolas pelos povos indígenas, surgem dificuldades, conflitos e tensões ligadas principalmente às contradições entre autonomia e oficialização. Inúmeros problemas e pontos de estrangulamento podem ser identificados, como é o caso do discurso oficial da defesa da diversidade cultural e do direito à especificidade, *versus* a prática dos concursos públicos para contratação, onde é exigida "a prova" de que os professores estão capacitados para atuar em suas comunidades. Ou, ainda, entre o direito à "educação escolar diferenciada" e a frustração dos currículos próprios não aprovados pelas instâncias governamentais competentes; entre as pedagogias indígenas e as metodologias homogeneizantes com suas formas de avaliação individualizadas.

Apesar de toda essa complexa problemática, acreditar na urgência e na possibilidade da conquista de escolas verdadeiramente indígenas – que estejam a serviço de cada povo, sendo instrumentos de resistência e afirmação cultural, enfim, que contribuam no processo histórico de sobrevivência de povos etnicamente diferenciados – é a força articulatória que tem aglutinado os esforços e reflexões de professores indígenas da Amazônia, num movimento que realiza, anualmente, desde 1988,

---

[14] Depoimento do Prof. Bruno, povo Kaingang, durante sua participação na mesa-redonda intitulada "A posição das Organizações Indígenas", no Encontro Interno "Leitura e escrita em escolas indígenas: domesticação X autonomia", durante o 10º COLE, UNICAMP, julho/1995.

[15] Depoimento do Prof. Orlando, povo Macuxi, na mesa-redonda "A posição das Organizações Indígenas", no Encontro Interno "Leitura e escrita em escolas indígenas: domesticação X autonomia", representando a COPIAR, durante o 10º COLE, UNICAMP, julho/1995.

um grande Encontro para debater a realidade das escolas, assim como princípios e estratégias de ação para transformá-las.

Nesse processo de organização dos professores indígenas, os Encontros anuais têm representado momentos decisivos, cujas articulações culturais e políticas tornaram-se possíveis, e as trocas de experiências e conhecimentos fazem surgir novas concepções de educação escolar, que respeita os conhecimentos, as tradições e os costumes de cada povo, valorizando e fortalecendo a identidade étnico-política, ao mesmo tempo em que procura passar conhecimentos necessários à relação com a sociedade não índia.

Busquemos enxergar, na experiência do povo Ticuna, relatada e analisada por Leite (1997), qual a concepção de escolarização que tem sido construída.

> Partindo do modelo 'civilizado' de escola, conhecido por via da subjugação cultural, passaram a forjar algo novo, feito à sua imagem e semelhança, uma escola Ticuna. Uma escola, sim, *com sua origem formal nitidamente não indígena*, mas exibindo agora a marca inconfundível do perfil Ticuna: uma escola onde se falava Ticuna, onde se estudava e se preservava a língua Ticuna, onde se estudavam assuntos relativos ao mundo Ticuna, onde as avaliações eram feitas à moda Ticuna, onde a comunidade Ticuna dizia a sua palavra, onde Ticuna formava Ticuna, onde se estabeleciam relações com a sociedade envolvente de forma a garantir os interesses Ticuna, onde – e sobretudo – as decisões eram tomadas pelos Ticuna.[16]

Criando e recriando a vida: aprendendo na comunidade educativa

No I Encontro dos professores indígenas do Amazonas e Roraima (1988),[17] ao enfocar a questão "como se aprende a viver?", os diversos grupos relataram a sua maneira de educar dentro de suas comunidades.

---

[16] LEITE, Arlindo Gilberto de Oliveira. *Educação Indígena Ticuna: livro didático e identidade étnica.* Dissertação de Mestrado, Universidade Federal do Mato Grosso, Cuiabá, 1997, p. 137.

[17] Professores do Acre passaram a integrar o movimento a partir do seu V Encontro, realizado em Boa Vista/RR (1992).

A respeito das formas próprias de educação, desde logo se complexifica a questão, posto que estão reunidos nesse movimento sempre mais de uma dezena de povos distintos,[18] e o que se constata é que "existem tantos modelos de educação indígena quanto culturas".[19]

Porém, dentro da diversidade dos conteúdos e formas apresentadas nas exposições, há aspectos que se repetem. Assim, essa recorrência (de atitudes, modos de atuar, práticas e valores) constante nos relatos sugere serem algumas das características gerais da educação indígena: aprende-se a viver dentro da vida cotidiana; adquire-se os conhecimentos necessários para a vida, com o pai, a mãe e a comunidade; aprende-se pelo exemplo e pela experimentação; a tradição cultural dos antepassados é valor fundamental e base do trabalho pedagógico; preserva-se a tradição da oralidade; valoriza-se o trabalho, como meio educativo e como inserção na vida do grupo; o valor fundamental da terra é afirmado constantemente; aprende-se a conhecer e respeitar a natureza. Destaca-se, como princípios, a alegria e o prazer de viver.

Meliá (1979) esclarece o observado acima:

> As sociedades indígenas brasileiras, como, aliás, muitas outras sociedades em todo o mundo, se educaram perfeitamente durante séculos sem recorrer à alfabetização, conseguindo, com meios quase que exclusivamente orais, criar e transmitir uma rica herança cultural [...]. Também se pensou, com freqüência, que a educação indígena é simplesmente utilitária, orientada somente à sobrevivência, sem tempo nem interesse para a cultura [...]. o índio está educado para o prazer de viver e o seu 'tempo de cultura', dedicado a rituais, jogo ou simples gracejos, é mais extenso e intenso do que aqueles das sociedades modernas que trabalham para comer. O índio trabalha para viver.[20]

A criança indígena participa ativamente, e de forma integrada, da vida da comunidade. Ou seja, de todos os seus momentos, incluindo tanto as festas e rituais, como as atividades produtivas – ou propriamente de trabalho – como caça, pesca, roça, entre outros. Esse "acompanhar" a vida do grupo é parte intrínseca do processo de formação/educação.

> A criança indígena faz em miniatura o que o adulto. Vive, no jogo, a vida dos adultos. Aprende as atividades sociais rotineiras,

---

[18] O XII Encontro, realizado em Manaus (1999), contou com o maior número de povos: 34.
[19] MELIÁ, Bartomeu, op. cit., p. 12.
[20] Idem, ibidem.

participa da divisão social do trabalho e adquire as habilidades de usar e fazer instrumentos e utensílios de seu trabalho, de acordo com sua idade e a divisão de sexo.[21]

O que se pode perceber no contato direto com a realidade indígena e por relatos de diferentes experiências é que a criança aprende brincando, num clima de ampla liberdade.[22]

Contudo, a consciência das contradições e complexidade dos problemas e desafios enfrentados na realidade histórica vivida acrescentou (para a maioria dos povos) aos conhecimentos tradicionais a urgente necessidade de entender a dinâmica da sociedade majoritária, assim como de ter o domínio sob novos saberes, que os ajudem no encaminhamento das novas situações.[23]

Construindo novos modelos: o caráter conflituoso da luta pela incorporação das escolas indígenas no sistema nacional de educação

Ainda durante seu I Encontro Anual (1988), ao refletirem sobre a questão "se já existia educação na originalidade, para que funciona a escola atual?", os professores indígenas da Amazônia evidenciaram alguns conflitos existentes na questão do contato da sociedade envolvente com as populações indígenas, assim como nas relações que se estabelecem entre as diferentes culturas e os diversos modelos de sociedades. Dentre eles, a introdução da educação escolar, ou seja, da escola como nova instituição; posto que, como lembram Emiri e Monserrat (1989), "[...] o espaço da aldeia acaba por ser invadido por uma realidade que logo reclama para si o status de uma verdadeira instituição".[24]

---

[21] Idem, ibidem.

[22] Ao falar especificamente da educação das crianças do povo Kaiowá, Meliá (1979) nos mostra que "no primeiro período (de um a três anos), é sobretudo a comunidade que atua sobre a criança, aprovando ou rechaçando suas atividades ou comunicando-lhes através do jogo e de exemplos da própria vida, atitudes e valores. De três a cinco anos, a criançada constitui uma verdadeira minissociedade, onde a vida adulta é imitada em todas as atividades diárias, até religiosas. O respeito que os pais têm para a criança, o modo de falar com ela, quase nos pareciam exagerados. O adulto considera o papel da criança na sociedade com muita seriedade. O que não quer dizer que as relações entre eles sejam tensas ou tristes. Adulto brinca com criança e criança brinca com adulto".

[23] Esse processo, na maioria das vezes, é permeado por conflitos/tensões e dominação, exercidos por parte da nossa sociedade.

[24] EMIRI, Loreta e MONSERRAT, Ruth. *A conquista da escrita – Encontros de Educação Indígena.* São Paulo: Editora Iluminuras, 1989

Nesse contexto, uma questão central – e a meu ver, decisiva – quando se trata da perspectiva da realização de escolas realmente indígenas é a da autogestão dos processos. Entra em cena a complexa relação entre educação/escola, política e poder. Conforme refletiu Freire (1982),

> [...] no fundo, esses problemas todos que a gente quer discutir: escola, cultura, invasão da cultura, respeito pela cultura, isso é sobretudo um problema político e um problema ideológico. Não existe neutralidade em coisa nenhuma; não existe neutralidade na ciência, na tecnologia. A gente precisa estar advertido da natureza política da educação. Não há uma escola que seja boa ou ruim em si mesma, enquanto instituição. Ao mesmo tempo, não é possível pensar a escola, pensar a educação, fora da relação de poder. Na verdade, o educador é um político, é um artista. Ele não é só um técnico, que se serve de técnicas, que se serve da ciência. E por isso mesmo ele tem que ter uma opção, e essa opção é política, não é puramente pedagógica, porque não existe essa pedagogia pura.[25]

Essa análise e posicionamento de Paulo Freire expressados há mais de quinze anos, são, a meu ver, de uma atualidade marcante. Os professores indígenas, ao longo da história de seu movimento, têm dado mostras de que estão atentos a essa questão. É o que nos mostra o seguinte depoimento.

> Então, as discussões em torno da educação, eram também redescobrir, planejar o que hoje os povos indígenas querem para o seu futuro. Foi o início de planejar, de construir o futuro, a partir da realidade em que os diversos grupos étnicos se encontravam. E esse compromisso foi sendo assumido a partir dos professores, dos educadores e das organizações indígenas, das lideranças indígenas. Então, nessa caminhada, hoje pra nós, na questão específica da educação, existe uma coisa muito clara: nós não podemos separar a prática educacional, ou seja, aquilo que se faz, seja no ensino, na escola, mas sobretudo que está na comunidade, não dá para separar da própria caminhada política dos povos indígenas.[26]

---

[25] Esta citação consta do texto "Um diálogo com Paulo Freire sobre educação indígena". É a transcrição da gravação feita durante a 8ª Assembleia do CIMI (Conselho Indigenista Missionário), regional Mato Grosso, realizada em junho/1982, em Cuiabá, da qual o Prof. Paulo Freire participou como assessor.

[26] Prof. Gersem dos Santos Luciano, do povo Baniwa, região do Alto Rio Negro, na mesa redonda "Povos indígenas e a educação na América Latina", como parte do II Congresso Ibero-Americano de História da Educação Latino-Americana, UNICAMP, 1994.

Jaci de Souza, tuxaua[27] Macuxi, da aldeia Maturuca, Área Indígena Raposa Serra do Sol, e expressiva liderança do Conselho Indígena de Roraima, coloca sua interpretação quanto ao papel da educação escolar e a responsabilidade do professor indígena:

> Porque vocês professores, é bom ver bem o que vocês estão ensinando para chegar longe... Como vocês são professores, é bom refletir bem para o futuro de nossas crianças. Quero dizer que se vocês se comprometem a defender as crianças, educar, isso é um compromisso![28]

O surgimento e a proliferação dos cursos ("específicos") de formação

> Se nós professores não dominamos essa política educacional, não sabemos o que se passa a nível nacional sobre educação (e como as populações indígenas estão enfrentando essa dificuldade), se a gente não dominar essa problemática, eu acho que nós não vamos conseguir a escola realmente indígena que tanto a gente almeja. A nossa responsabilidade como educador, como pessoas que trabalham dentro das nossas comunidades é mostrar para nossos povos, nossos alunos, a real situação dos povos indígenas hoje. Creio que nós professores tanto ensinamos como aprendemos, a cada dia. Eu acho que esse assunto – educação – é um assunto de prioridade nas nossas organizações e, junto com as nossas lideranças, tanto professores como agentes de saúde, representantes das nações, grupo de mulheres organizado, tem esse objetivo, esse ideal de conquistar esse espaço para uma educação realmente indígena.[29]

Como podemos perceber nesse depoimento, os professores indígenas da Amazônia sentem a responsabilidade de seu papel como os principais envolvidos no processo de educação formal de suas comunidades. Esse novo agente educativo é visto não como o único portador do saber, valorizando-se muito o aspecto do aprendizado mútuo, presente na relação professor-aluno-comunidade. Sua tarefa é ser multiplicador, informante de novos conhecimentos, sendo que, dessa forma, o saber é partilhado e não apenas apropriado individualmente.

---

[27] Cargo de chefia dentro da estrutura de organização tradicional Macuxi.
[28] Relatório do II Encontro dos Professores Indígenas do Amazonas e Roraima – Manaus, 1989.
[29] Depoimento do Prof. Sebastião Duarte, povo Tukano, Rio Negro/AM.

Sua responsabilidade é ser aquele que "transita" nos dois mundos: o indígena e o do "branco", segundo suas próprias palavras. O desafio é conseguir manter um certo equilíbrio nesse complexo processo de inter-relação entre as diferentes culturas.

É nesse cenário que a necessidade e a busca por uma formação adequada, que responda aos desafios, aparece nas reflexões do movimento, desde o seu I Encontro (1988). Nos passos indicados como necessários para chegar à escola que desejam, os professores Ticuna presentes ao evento deram destaque à questão da formação:

> A capacitação dos professores bilíngüe – sem essa capacitação não podemos fazer nada para nossa comunidade, para os alunos. Precisamos de uma orientação mais avançada para alcançar aquilo que queremos.[30]

Durante o II Encontro (1989), a temática surgiu novamente e ao final, como um dos pontos importantes definidos pelo movimento, consta o entendimento da necessidade de garantir "*a formação dos professores em nível da região*".[31] No documento encaminhado ao Congresso Nacional na mesma ocasião, com reivindicações e posicionamentos quanto à temática das escolas indígenas, no contexto das discussões da nova LDB – então em elaboração/tramitação – aparece: "*Todos os professores indígenas terão direito ao curso bilíngue. A formação bilíngue deve ser garantida com cursos de capacitação*".

A questão da formação dos professores indígenas é um desafio crucial, que demanda urgência para pensar e concretizar propostas que atendam e respondam às necessidades e expectativas dos índios, além da preocupação em avaliar os inúmeros cursos que têm proliferado Brasil a fora. Várias iniciativas têm sido levadas à frente por entidades de apoio à causa indígena, como a CPI (Comissão Pró-Índio) no Acre; o IAMÁ (Instituto de Antropologia e Meio Ambiente), em Rondônia e o CIMI (Conselho Indigenista Missionário), em diferentes regiões do país.

Mais recentemente, diversos Programas Oficiais de Formação de Professores Indígenas surgiram, como é o caso do Projeto Tucum, no Mato Grosso, e o Projeto Pirayawara, no Amazonas, ambos ligados às Secretarias de Educação dos referidos estados. Alguns são fruto de reivindicação dos próprios índios, como é o caso do Magistério Indí-

---

[30] Relatório do I Encontro dos Professores Indígenas do Amazonas e Roraima – Manaus, 1988.
[31] Relatório do II Encontro dos Professores Indígenas do Amazonas e Roraima – Manaus, 1989.

gena de Roraima, coordenado pelo DEI (Departamento de Educação Indígena), setor da SEDUC/RR.[32]

Há ainda experiências inéditas e paradigmáticas, de tentativa de efetivação de um Curso *de* (e não *para*) Professores Indígenas, dentro de projetos mais amplos de educação indígena, considerada na sua íntima relação com os projetos de futuro dos povos, no contexto de seus sistemas educativos próprios, como é o caso do Programa de Formação dos Professores Indígenas "Construindo uma Educação Escolar Indígena", coordenado pela Secretaria Municipal de Educação de São Gabriel da Cachoeira, município do Amazonas com população predominantemente indígena (95%)[33]. Até final do ano de 1999, essa Secretaria teve à sua frente o Prof. Gersem dos Santos Luciano, povo Baniwa. Lamentavelmente, por questões de correlação de forças da política local, o Curso encontra-se paralisado, aguardando decisões sobre sua possível continuidade, e, principalmente, a garantia da linha político-pedagógica definida em seu projeto inicial.

Esteban Emílio Mosonyi, em seu texto "Familia indigena y Educación Intercultural Bilingue", fala com clareza sobre esse aspecto fundamental da relação de propostas de escolarização com projetos mais abrangentes:

> [...] nem a Educação Intercultural Bilíngüe, nem outros mecanismos de vitalização das características profundas da identidade poderão prosperar por tempo indefinido, senão pela via de um ataque à problemática de conjunto que, em dada conjuntura, atravessa uma comunidade ou etnia. É imperativo emoldurar qualquer esforço em um projeto comunal ou regional de alcance integral, que leve em conta parâmetros como as terras ancestrais e recém-adquiridas, uma economia que conjugue a auto-subsistência com o mercado de alguns produtos, uma organização participativa nos níveis de decisão, principalmente a resolução dos problemas angustiantes da saúde, serviços e direitos humanos elementares. Se, de alguma maneira, não se

---

[32] Registre-se que há uma série de outros cursos, de diferentes concepções e orientações, financiados por diversas fontes (em especial, verbas públicas, por meio do próprio MEC), acontecendo mais recentemente, e que merecem um estudo específico para que se possa avaliar profundamente as diferentes propostas, verificando se estas têm respondido às aspirações, necessidades, anseios e princípios colocados pelo movimento indígena.

[33] Segundo Censo autônomo realizado pela FOIRN – Federação das Organizações Indígenas do Rio Negro.

contemplam todas essa vertentes, qualquer programação isolada esta destinada ao fracasso.[34]

Retomando o debate sobre a possibilidade de processos de "indianização" da instituição escolar

Concebo as escolas indígenas como canais de intermediação, como instrumentos que se colocam entre as diferentes culturas, não sendo assim um mecanismo apenas interno, mas sim uma necessidade criada "pós-contato" com a sociedade envolvente.[35] Tomando por base tal ideia, busquemos olhar mais de perto alguns conceitos chaves, na tentativa de entender como se dá a dinâmica das relações interétnicas.

Guilhermo Bonfil Batalha é um dos autores que se preocupou com essa questão, trazendo análises pertinentes e elucidativas à problemática aqui tratada. O referido autor, após discorrer sobre o que chamou de "os quatro âmbitos da cultura, em função do controle cultural: cultura autônoma; cultura imposta; cultura apropriada; cultura alienada",[36] enuncia alguns processos que permitem compreender a dinâmica das relações interétnicas. Três deles se originam no interior dos ou do grupo étnico que se toma como foco de análise. São eles:

• **Resistência** – "O grupo dominado ou subalterno atua para preservar os conteúdos concretos do âmbito de sua cultura autônoma. A resistência pode ser explícita (consciente ou inconsciente). A defesa legal ou armada do território ameaçado é explícita e consciente; a manutenção do costume, qualquer que seja, pode ser uma forma de resistência implícita e inconsciente. Em todo caso, o exercício de ações culturais autônomas, em forma aberta ou clandestina, é objetivamente uma prática de resistência cultural, assim como sua contra-parte: a recusa de elementos e iniciativas alheios (o chamado conservadorismo de muitas comunidades: sua atitude refratária às inovações alheias)".

---

[34] MOSONYI, Esteban Emílio. *Familia indigena y Educación Intercultural Bilingue*, palestra proferida no II Congreso Latinoamericano de Educacion Intercultural Bilíngüe. Santa Cruz, Bolívia, 11/11/96.

[35] Esse entendimento da escola como uma "necessidade" pós-contato foi explicitado, com muita clareza, pelo Prof. Alírio Mendes, do povo Tikuna, quando avaliou: *"Se não tivesse branco no meio dos Tikuna, talvez até hoje não teria escola"* (Relatório do I Encontro dos Professores Indígenas do Amazonas e Roraima – Manaus, 1988).

[36] BATALHA, Guilhermo Monfil. "La teoria del control cultural en estudio de processos étnicos". In: *Arinsana*, n. 10, Caracas, 1989, p. 21 e 22.

• **Apropriação** – "É o processo mediante o qual o grupo adquire capacidade de decisão sobre elementos culturais alheios. Quando o grupo não só pode decidir sobre o uso de tais elementos, senão também que é capaz de produzi-los, o processo de apropriação culmina, e os elementos passam a ser elementos próprios".

• **Inovação** – "Através da inovação, um grupo étnico cria novos elementos culturais próprios, que em primeira instância passam a formar parte de sua cultura autônoma".

Na experiência do movimento de professores indígenas da Amazônia, pude constatar a pertinência desses conceitos e ideias elaboradas por Batalha, principalmente quanto à questão da inovação e criatividade.

> A criatividade que se expressa nos processos de inovação não se dão no vazio, mas sim no contexto da cultura própria e, mais particularmente, da cultura autônoma. Este é o marco que possibilita e ao mesmo tempo põe limites às capacidades de inovação: seus componentes específicos são o plano e a matéria para a criação cultural.[37]

No que tenho podido compreendido, as escolas que os povos indígenas têm acreditado e se empenhado em conquistar são um exemplo concreto, real e atual de inovação. Representam pequenas grandes mudanças construídas cotidianamente. É preciso estar atento e sensível para enxergá-las e interpretá-las com toda sua força e significação. É como nos diz esse autor:

> [...] as inovações culturais são, por uma parte, mais freqüentes do que comumente se pensa: há muito novo em baixo do sol. Sobretudo, se não se pensa somente nas grandes invenções capazes de marcar por si mesmas um momento da história, se não se repara também, e, sobretudo, nas mudanças cotidianas aparentemente insignificantes.[38]

Professores e Pedagogias indígenas: concluindo a conversa com outra série de perguntas em um debate que continua em aberto

No início deste trabalho, fiz menção à existência de pedagogias indígenas, enquanto sistemas indígenas de educação, ou seja, modos

---

[37] Idem, ibidem.
[38] Idem, ibidem.

próprios de educar. Ao ser introduzida a escolarização, entram em cena outros conceitos fundamentais como interculturalidade e bilinguismo/multilinguismo, no contexto do debate acerca de seus limites e possibilidades. Procurarei enfocar esta discussão, na perspectiva do diálogo.[39] Podemos falar dos povos indígenas enquanto povos da resistência. Essa mesma resistência que tem permitido a esses povos sobreviver aos processos históricos que tem vivido e enfrentado, pode ser vista também como direito de entrar em diálogo: um diálogo como conquista, enquanto mecanismo e símbolo de um povo que reconquistou sua palavra. Assim, os povos indígenas estariam nos falando: "nós temos a nossa palavra, temos algo a dizer".[40]

Quando colocamos a possibilidade do diálogo entre os diferentes povos e culturas como horizonte a ser alcançado, precisamos logo esclarecer que ele pressupõe que os povos estejam fortalecidos e seguros, seja quanto à questão de suas terras, quanto à sua identidade étnica e nas suas relações com "os outros". A dialogicidade não se constrói como posição de adesão, "entreguismo" ou retirada, nem é estabelecida entre "vencidos e vencedores". Ao contrário, é uma posição de confiança. Reforça a necessidade de novas relações entre aqueles que se encontram, que entram em contato, como condição de um novo diálogo, que reclama, que exige, que está carregado de conflitos.

Perguntamo-nos: pode a escola contribuir nesse processo? Que escola? Qual seria o papel dos professores indígenas? Como fica a questão de sua formação?

Procurando enxergar alguns rumos para ajudar a pensar essas questões, vejamos alguns pressupostos básicos, ligados a um conceito fundamental: comunidade educativa indígena. Nela, segundo Meliá, há três atores principais da educação, a saber, a economia, a casa e a religião. Olhar a economia como elemento pedagógico significa enxergar como circulam os bens, como são os modos de produção, os modos de troca. Nesse sentido, a reciprocidade é um valor sumamente

---

[39] Elaboro essas ideias a partir de um estudo com Bartomeu Meliá (Articulação Nacional de Educação/CIMI, Brasília, 1996).

[40] Essa interpretação fundamenta-se na teoria do "Bilinguismo radical" expressa por Meliá em texto de sua autoria, intitulado "El modelo ARAKUARENDA, o el bilinguismo radical". In: MELIÁ, B. *Elogio de la lengua guaraní*. Assunción, Paraguai: CEPAG, 1995.

educativo. A casa – espaço educativo doméstico – com todas as suas características próprias: o pai, a mãe, a complexidade do parentesco, com todas as suas redes de relações, com regras e normas, são elementos da educação. A religião, concentração simbólica de todo o sistema: mitos, rituais, momentos críticos – nascimento – vida – morte.

Efetivamente, o processo histórico colonial teve uma forte tendência a separar essa unidade. A consequência é que as pessoas passaram a ter centros educativos diferentes e isolados. Quebra-se o que era antes uma totalidade.

A partir do contato, o sistema de educação da comunidade nacional é introduzido como uma espécie de "nuvem" que pousa sobre essa realidade. Na reivindicação do Estado nacional, ele passa a ser o dono dos símbolos. Essa, como se sabe, é uma pretensão de vários séculos: a educação única, universalizante.

Na comunidade educativa indígena, há um domínio completo, por parte de todos, da língua, como língua comunitária. A economia é participativa e recíproca. Porém, cada vez mais, o Estado nacional quer invadir esses espaços educativos próprios. Na comunidade educativa nacional, saber deixa de significar prestígio, e torna-se poder, numa estrutura hierarquizada, numa sociedade dividida, com interesses conflitantes. Há "línguas especializadas"; o português do Brasil tem um mínimo que é comum a todos. Há uma fragmentação da língua. A economia é a de mercado, a casa é o lugar dos progenitores e a religião, hierárquica e institucionalizada.

A escola faz parte de um programa mais amplo que poderíamos chamar aqui de bilinguismo. A noção de bilinguismo é uma noção epistemológica; é um modo de pensar as sociedades indígenas e sua relação com a sociedade nacional. Assim, nessa teoria, a escola assume o papel de uma nova linguagem – um novo espaço e tempo educativo – uma nova pedagogia, necessária ao atual momento da comunidade, uma nova comunicação.

Retomando, o bilinguismo nunca deve ser pensado como passagem, como transição, mas como diálogo. A escola é então uma nova linguagem, que poderá (ou não) permitir esse diálogo muito importante.

Lamentavelmente, a história registra resultados desastrosos, ocasionados por distintos projetos de educação escolar "para índios". A escola foi (e é) uma grande ruptura no espaço e tempo das próprias pedagogias indígenas. Podemos, porém, olhar esse rompimento como processo dinâmico, ao qual os povos reagem e interagem, cujos conteúdos são ora assumidos, ora rejeitados; às vezes apropriados, e mesmo recriados e reinventados.

As comunidades educativas tradicionais se confrontam com situações de contato. Isso configurou novas comunidades educativas históricas. Tradição e história criam uma grande diversidade de tipos e situações. Vemos povos indígenas onde a comunidade educativa é "presente e atual"; outras onde ela é "memória viva e desejada"; outras, porém, já são imaginadas como uma espécie de "paraíso perdido" e mesmo como "ilusão".[41]

Segundo Florestan Fernandes, "inovação e tradição se interpenetram de tal modo que uma conduz a outra, podendo-se afirmar: 1) que toda inovação, por mais radical que seja, lança raízes no passado e se alimenta de potencialidades dinâmicas contidas nas tradições; 2) que a inovação já nasce, culturalmente, como tradição, como experiência sagrada de um saber que transcende ao indivíduo e ao imediatismo do momento".[42]

Atualmente, nas diferentes realidades, há um novo ator que surge: o professor indígena. O desafio que se coloca para esse novo ator é imenso, já que inúmeras tensões podem surgir: conflito e "choque de lideranças", substituição do saber tradicional; a escrita no lugar da oralidade; o prestígio transformando-se em poder.

É fundamental que o professor indígena possa reencontrar-se com sua própria comunidade educativa, já que, na maioria dos casos, ele foi formado fora dessa. Tornando-se parte da comunidade educativa, poderá contribuir na busca de novas respostas, colocando a escrita a serviço de uma nova expressão; procurando inspiração nos sábios da comunidade; colocando-se como ouvinte – aquele que domina novas técnicas modernas, mas coloca-as em continuidade do saber indígena, como forma de ampliação do mundo, como expansão cultural, nunca como substituição.

Nessa ótica, o professor pode ser participante de um projeto que vai além da própria educação. Para isso, irá, necessariamente, envolver-se com questões fundamentais como a defesa e a garantia das terras

---

[41] Essa tipologia foi trabalhada por Meliá, no estudo citado (ANE/CIMI, Brasília, 1996).

[42] FERNANDES, Florestan. *Investigação etnológica no Brasil e outros ensaios*. Petrópolis, 1975, p. 36 apud MELIÁ (1979).

indígenas; a construção de alternativas de subsistência (autossustentação). Nesse sentido, conforme analisou Mosonyi,[43] as comunidades educativas indígenas hoje precisam pensar em pelo menos dois tipos de programas, que precisam andar juntos: linguístico-cultural e econômico-político.

Procurei, ao longo do texto pensar o professor indígena, como um novo ator; a escola, como novo elemento cultural, a escrita, como novo recurso de comunicação e registro; enfim, todas essas questões ligadas à busca de novas soluções, para novos problemas. Dessa síntese, poderíamos indagar: tudo isso conseguirá caminhar para uma nova perspectiva de futuro, com a conquista de novas relações e o convívio igualitário nas diferenças, deixando estas finalmente de significar desigualdades?

Referências

BATALHA, Guilhermo Monfil. "La teoria del control cultural en estudio de processos étnicos". In: *Arinsana*, n. 10, Caracas, 1989.

BONIN, Iara Tatiana. *Encontro das águas: educação e escola no dinamismo da vida Kambeba*. Dissertação de Mestrado, Programa de Pós-Graduação em Educação/UnB, 1999.

EMIRI, Loreta e MONSERRAT, Ruth. *A conquista da escrita – Encontros de Educação Indígena*. São Paulo: Editora Iluminuras, 1989.

FERNANDES, Florestan. *Investigação etnológica no Brasil e outros ensaios*. Petrópolis: Vozes, 1975.

GUIMARÃES, Paulo Machado. *A polêmica do fim da tutela aos índios*. Brasília, 1996 (texto datilografado).

LEITE, Arlindo Gilberto de Oliveira. *Educação Indígena Ticuna: livro didático e identidade étnica*. Dissertação de Mestrado, Universidade Federal do Mato Grosso, Cuiabá, 1997.

MELIA, Bartomeu. *Educação Indígena e Alfabetização*. São Paulo: Loyola, 1979.

MELIA, Bartomeu. *Elogio de la lengua guaraní*. Assunción, Paraguai: CEPAG, 1995.

SILVA, Rosa Helena Dias da. *A autonomia como valor e a articulação de possibilidades: Um estudo do movimento dos professores indígenas do Amazonas, Roraima e Acre, a partir dos seus Encontros anuais*. Abya-Yala, Quito/Ecuador, 1998.

---

[43] MOSONYI, op. cit.

LENDO PEGADAS PARA CONSTRUIR O FUTURO

Sonia Stella Araújo-Olivera

Esta mujer angélica de ojos septentrionales,
que vive atenta al ritmo de su sangre europea,
ignora que en lo hondo de ese ritmo golpea
un negro el parche duro de roncos atabales.

Bajo la línea escueta de su nariz aguda,
la boca, en fino trazo, traza una raya breve,
y no hay cuervo que manche la solitaria nieve
de su carne, que fulge temblorosa y desnuda.

¡Ah, mi señora! Mírate las venas misteriosas;
boga en el agua viva que allá dentro fluye,
y ve pasando lirios, nelumbios, lotos, rosas;

que ya verás, inquieta, junto a la fresca orilla,
la dulce sombra oscura del abuelo que huye,
el que rizó por siempre tu cabeza amarilla.

El abuelo, Nicolás Guillén[1]

A educação é um processo que ocorre em diferentes e múltiplas instâncias da sociedade: família, comunidade de destino, organizações

---

[1] (N. do T.) Essa mulher angélica de olhos setentrionais,/que vive atenta ao ritmo de seu sangue europeu,/ignora que no fundo desse ritmo golpeia/um negro emplastro duro de roucos atabales.

Sob a linha pura de seu nariz agudo,/a boca, em fino traço, traça uma raia breve,/e não há corvo que manche a solitária neve/de sua carne, que fulge trêmula e desnuda.

Ah, minha senhora! Olhe as veias misteriosas;/vogue na água viva que ali dentro flui,/e vê passando lírios, nelumbos, lótus, rosas;/mas já verás, inquieta, junto à fresca margem,/a doce sombra escura de teu avô que foge,/do que crespou para sempre tua cabeça loura. ("O avô", Nicolás Guillén)

sociais e religiosas, entre outras. Sendo a escola mais uma dessas instâncias, tecerei algumas reflexões dentro dessa área. Dada a uniformidade ideológica da sociedade uruguaia quanto ao tema objeto dessa reflexão, creio que qualquer dos espaços mencionados possibilitaria observações similares.

Educação uniétnica e eurocêntrica

A formação escolar de muitas gerações de uruguaias e de uruguaios – e, portanto, a minha própria – foi no ensino público, aquele que se pautava pelas ideias de José Pedro Varela[2], e que foi aprovado como Decreto-Lei em 1877. Nele se estabelecia a organização administrativa do ensino, os programas e métodos pedagógicos. Salientando a projeção política e social da educação, Varela propõe sua reforma, de acordo com os seguintes critérios: obrigatoriedade, gratuidade e laicidade do ensino; seu caráter científico aplicando novos métodos de ensinar (vale assinalar que a memória era um auxílio para a compreensão); integração ao corpo docente de mestres profissionais.

A proposta vareliana significou, sob certo ponto de vista, um avanço importante para a época, o qual se expressou em uma educação científica, garantindo o direito a ela tanto de meninos como de meninas, independentemente da condição socioeconômica das famílias e de seus credos ou crenças, e permitindo que o Uruguai fosse o país da América Latina com o menor número de analfabetos, durante várias décadas. Varela queria formar cidadãos para uma democracia, porém entendida como geralmente o fazem os grupos burgueses. Tenhamos em conta – como assinala Juan Arturo Grompone[3] – que Varela "é intérprete da nova classe em ascensão, da nova burguesia da sociedade industrial que necessita eletrificar, abrir ruas, iluminar a cidade, levantar fábricas, cercar campos, ampliar os salgadeiros[4] e as barracas[5]. Essa

---

[2] VARELA, J. P. *"La legislación escolar"*, *"La educación del pueblo"*. In: *Una postura crítica en "A educação na América Latina e na região do 'Río de la Plata'"*, em S. S. ARAÚJO-OLIVERA. O que "Tapes" criou? Análise de uma prática de educação, que se pretendia libertadora, no Uruguai: UFSCAR, 1994, p. 12-20. (Tese de mestrado).

[3] GROMPONE, J. A. "Varela, reformador de la ciencia" em *Una historia de la ciencia, III.*

[4] (N. do T.) Lugar onde se salgam carnes.

[5] Lugar de estocagem de couros e lãs para a exportação.

nova sociedade em vertiginosa ascensão econômica necessitava de um povo mais educado e não tinha lugar para o gaucho[6] vagabundo ou o bacharel estéril". Nas palavras do próprio Varela: "É por meio da educação do povo que temos que chegar à paz, ao progresso e à extinção dos gauchos".[7] Varela estava impulsionando um sistema de ensino que ele havia admirado na Europa e nos Estados Unidos.

Tanto os capitais internacionais, que investiam nas estradas de ferro, por exemplo, como os capitalistas locais, que usufruíam do transporte ferroviário para a exportação de seus produtos, tinham interesses comuns a respeito da formação, da cultura e da ideologia de nossos povos. Nesse conjunto de interesses, *"progresso"* e *"civilização"* são conceitos entendidos como o fazem as classes hegemônicas nas metrópoles. Implementando uma escola reprodutora dos valores sustentados pelo Norte e pelos grupos nacionais dominantes, interessados num certo tipo de desenvolvimento europeizado para a região do Rio da Prata, Varela legou-nos uma educação uniétnica e eurocêntrica.

Num sistema educativo que contribuía para consolidar e legitimar os papéis sociais estabelecidos pelos sistemas de dominação e cujo objetivo implicava a "extinção do *gaucho*" como expressão do popular e do mais autóctone, haveria lugar para os descendentes de indígenas e de africanos, ou seja, para o "outro" como outro, distinto do eu, como "alteridade" na totalidade?

Os uruguaios têm ouvido que "todos somos imigrantes" e que não existem índios na população do país – de forma tão intensa e por tantas décadas – que muitos ainda creem nisso. Naturalmente, os

---

[6] (N. do T.) A palavra gaucho, usada no Uruguai e na Argentina, corresponde ao termo gaúcho, do Sul do Brasil. Tendo sido desenvolvida ao longo dos séculos XIX e XX, *gaucho/gaúcho* inicialmente se referia ao indivíduo desordeiro que, entre outros qualificativos, era também chamado de *gaudério, vagabundo, guia, agregado, jogador, peão, mozo perdido, espião, índio, bêbado, centauro, ladrão, desertor, bandoleiro, facínora, ginete, contrabandista, foragido, errante, domador, peleador, atrevido, temido, paisano* e, no Uruguai e na Argentina, *criollo*. No Brasil, o termo acabou nomeando todo brasileiro nascido no Rio Grande do Sul. Com a mudança de suas funções sociais, *gaúcho/gaucho* passou a ser *militar, dragão* ou *peão, trabalhador*. O gaúcho é fruto das pradarias livres dos três países e da mestiçagem de portugueses, espanhóis e índios. Na sua composição étnica estão presentes também "o negro introduzido pelo porto de Buenos Aires, em 1585, e/ou os paulistas tropeiros que vêm do sudeste do Brasil e mais tarde [...] todos os colonos europeus que [ali] chegam". Cf. ZATTERA, Véra Stedile. *Gaúcho: Iconografia (Séculos XIX e XX)*. Porto Alegre: Palotti/MEC/ Universidade de Caxias do Sul, 1995.

[7] VARELA. "Los gauchos". In: La educación del pueblo. Cuaderno Lea, 3, s/f., p. 73-77.

descendentes dos espanhóis e dos portugueses colonizadores, dos ingleses que invadiram o país em 1806, dos franceses e italianos que chegaram a partir de 1835 e de todos os europeus que chegaram no princípio do século passado foram ou são "imigrantes". Mas podemos afirmar tão categoricamente que não existe população com ancestrais indígenas ou africanos? Será que "a garra charrua"[8] é privilégio dos jogadores de futebol no campo estrangeiro ou de políticos que saem airosos de situações difíceis?

Alguns cientistas quiseram corroborar ou desestimar aquelas afirmações e, em 1985, foram iniciados alguns estudos.

> Assinalaram que nosso país não era – como se pretendia no âmbito oficial – povoado exclusivamente por quem tinha ascendentes europeus ou africanos, mas que havia um significativo número de pessoas que entre seus ascendentes diziam – e isso era constatável – possuir ascendentes nativos.[9]

Os fatos são eloquentes. Em 19 de agosto de 1998, reúne-se na cidade de Trinidad um grupo de descendentes de indígenas e, desde então, constitui-se a I.N.D.I.A., uma federação de grupos que procuram aprofundar o conhecimento sobre o passado indígena, colaborando com as investigações que tenham essa orientação e contribuindo para a aceitação da diversidade e para o reconhecimento respeitoso das diferenças.

Faz alguns anos, no exílio, encontrei-me e travei amizade com uma jovem negra compatriota. Como parte da reflexão de militantes no exílio, analisávamos em conjunto a realidade em que estávamos inseridos: alguns de nossos conterrâneos formulavam críticas e severos juízos a respeito do racismo sueco e da injustiça em que viviam, ao serem discriminados por serem "cabeças negras" sul-americanos. "Vocês se queixam de racismo e discriminação!" – dizia a jovem negra uruguaia – e recordava as humilhações que havia sofrido, desde menina, por causa da cor de sua pele, pelos olhares acusadores dirigidos a ela ou a sua família quando algum vizinho se queixava de um roubo, ou quando, na escola, algum companheiro perdia um utensílio escolar e

---

[8] Esse mito se refere à capacidade excepcional para realizar, em condições adversas, um esforço dificultoso. (N.T.): O termo *charrua* denomina a nação indígena que vivia na região do atual Uruguai, antes da colonização ibérica.

[9] ¿Qué es la asociación I.N.D.I.A. de Uruguay? p. 2.

os olhares acusadores do resto do grupo dirigiam-se a ela, e também quando, militando em nosso país, outros companheiros punham em dúvida seu compromisso político. Com pesar repetia: "mais que pobre, sou negra... sempre tive que demonstrar que era honrada, que não me prostituía, que era inteligente e que meu compromisso era autêntico". Minha companheira de militância era pobre, mulher e negra!

Parece desnecessário recordar que os seres humanos não somente temos uma corporalidade sensível, que sofre com o rigor do trabalho rude, com os maus tratos e os golpes, mas que também temos sentimentos que nos fazem vulneráveis à zombaria dos companheiros, à exploração dos patrões, à humilhação, à discriminação e à opressão constantes da sociedade. Também parece desnecessário mencionar que

> [...] a crueldade do sistema se expressa não somente no castigo físico. O homem instalado numa classe opressora tem mil maneiras de humilhar e degradar o semelhante que lhe está submetido, por mais que a sociedade que integra proclame até a exaustão que o amor ao próximo é o fundamento de sua moral.[10]

Quais são as significações disso para a educação de uma população de homens e mulheres, de imigrantes e indígenas, de negros e brancos?

A experiência de ser aluna e mestre da escola pública uruguaia

Apelo a minhas vivências e recordações – de aluna e mestre da escola pública – para tecer algumas considerações que possam contribuir para a reflexão que mestres e cidadãos progressistas devemos colocar, diante da realidade de ser parte de uma população tri-híbrida, que tem em suas raízes o aporte de três etnias diferentes e valiosas em si mesmas.

Como menina e filha de trabalhadores, foi na escola pública que tive como companheira de classe e de jogos uma menina afro-uruguaia, que, contudo, não era assim chamada por nós. Aliás, não falávamos sobre esse assunto. Todavia, nessa convivência escolar de intimidade amigável, de suposta ou autêntica simpatia, por um lado, ela não assumia sua negritude ou sua situação de exclusão, de vítima de um sistema que

---

[10] SALA, Lucía *et al. Estructura económico-social de la colonia.* Montevideo: EPU, 1967, p. 144.

encobria os problemas de rejeição e de discriminação sob uma suposta inferioridade étnica. Do mesmo modo, exigia-se das meninas e dos meninos negros um comportamento social tolerante, e nesse caso tolerância significava resignação, aceitação silenciosa e submissa de sua situação de vítima, adaptação à exclusão. Mas a tolerância, virtude de uma autêntica democracia que ensina a viver com o diferente, com o "outro", com o distinto do eu, não pode ser confundida com a hipocrisia, com a conivência eticamente intolerável; assim como o *silêncio* não deve ser entendido como uma outorga de razão aos que lhes retiraram o direito *de dizer sua palavra*, mas sim como uma *"opção que 'comunica' recusando a 'comunicação' com uma comunidade, a branca, que [o] colocou em situação de 'in-comunicado' (esse é o termo usado nas prisões)"*.[11] Não assumir sua negritude, por outro lado, impedia a formação de uma consciência crítica, nela e em mim, porque não descobríamos, primeiro, que existe a tendência a considerar que é inferior todo aquele que é diferente do eu; segundo, que a classe ou os grupos dominantes usam seu poder para modelar as classes oprimidas, e disso tiram proveito, porque justificam – na suposta inferioridade do "outro" – sua também suposta superioridade com a qual sustentam seu direito de exercer o poder.

Havia uma espécie de cumplicidade, de jogo oculto, com respeito ao tema das etnias, assim como em relação aos temas da sexualidade, do gênero, dos quais nada se explicitava; tampouco se falava da pobreza ou das dificuldades econômicas, as quais uma parte importante da população atravessava e, menos ainda, falava-se das causas que as produziam. Em qualquer caso, a pobreza era atribuída à falta de inteligência, à pouca vontade de trabalho, à falta de ambição e esforço pessoal, e isso quando não se atribuía a "indolência" a razões genéticas! Sobre a vítima, recaía a responsabilidade e a "culpa" de sua situação. Em resumo, a vida, nossas vidas, não entrava na escola.

A mestra do sexto, ingenuamente, talvez, ao ressaltar os valores morais de lealdade e amizade do "negro Ansina" – velho escravo que acompanhou José Artigas[12] até sua morte no exílio – estava mostrando

---

[11] VELASCO, Sirio López. *"La conquista y el silencio como acto de lenguaje"*. In: *Reflexões sobre a Filosofia da Libertação*. Campo Grande: CEFIL, 1991, p. 191-97.

[12] "Chefe dos orientais" e "Protetor dos povos livres" foram os títulos com os quais o povo o homenageou. "Suas idéias de democracia e federalismo, sua simpatia pelos *gauchos*, índios e escravos, e seu projeto de divisão de terras, transformou-o no líder da ala radical do movimento de independência" *Guía del tercer mundo 91-92*. Montevidéu: Instituto do Terceiro Mundo, 1990, p. 613.

um lado amável da relação interétnica sem evidenciar nem discutir as ambiguidades e contradições ideológicas, políticas e sociais dessa relação ou da adesão a um líder que fazia suas as aspirações e as lutas dos oprimidos. Por outro lado, esse silêncio (ou indiferença?) era parte de um conceito restrito de democracia[13], no qual, para serem todos iguais, era melhor não assumir as diferenças – sejam elas socioeconômicas, culturais, de gênero ou étnicas –; ou seja, omitiam-se os fatores que, de uma ou outra forma, constituíam nossa subjetividade e nossa identidade cultural. Desse modo, a instituição escolar estava prescindindo da diversidade, da pluralidade e da multiculturalidade, que são valores sem os quais não se constrói uma sociedade substantivamente democrática, na qual todos estejam incluídos como cidadãos.

Volto uma vez mais à minha experiência escolar, agora como mestra, trabalhando com meninas e meninos negros e brancos. Recémgraduada, fui dar aulas numa escola periférica, onde aprendi a trabalhar com a comunidade, e não para ela, assim como aprendi a deixar-me interpelar pela realidade. O estudo de alguns pedagogos, a experiência vivida e a reflexão sobre ela me questionaram sobre a coerência entre o discurso, a prática educativa e o compromisso ético-político dos educadores: educar para quê? A favor de que e de quem? Contra quê? A partir de que critérios éticos? Trata-se de fazer uma opção por formar cidadãos autônomos, democráticos, participativos, ou seja, de

> [...] tomar partido frente à realidade social, de não ficar indiferente diante da injustiça atropelada, da liberdade espezinhada, dos direitos humanos violados, do trabalhador explorado; é descobrir nos estudantes o gosto pela liberdade de espírito, despertar a vontade para resolver os problemas do conjunto, desenvolver o sentimento de serem responsáveis pelo mundo e por seu destino, encaminhando assim os estudantes até uma ação militante.[14]

Consciente de que a escola deve proporcionar algo mais e diferente da mera transmissão de conhecimentos, sentia que meu papel como mestra era proporcionar o desenvolvimento das potencialidades de meninas e meninos, estimular os tímidos, os retraídos, os introvertidos,

---

[13] "Uma democracia que reduziu os direitos políticos [...] à livre emissão do voto pessoal no momento oportuno é uma pobre democracia". Omar Demo, apud GUTIÉRREZ, Francisco. *Educación como praxis política*, 6. ed. México: Siglo XXI, 1984, p. 11.

[14] GUTIÉRREZ, F. op. cit., p. 11.

os inseguros e os que não haviam descoberto o prazer de aprender e de estudar. Mas nunca havia parado para pensar especificamente nas alunas e nos alunos negros e, menos ainda, nos alunos descendentes de indígenas, pois, segundo o discurso oficial, eles não existiam no país.

Havia observado, sim, que, ao iniciar os cursos, tanto meninas como meninos com alguma ancestralidade africana corriam a ocupar os bancos do fundo da sala, olhavam-me com desconfiança, outros com temor ou timidez e havia quem adotasse condutas hostis ou agressivas, comigo ou com seus colegas. Os que traziam uma história de bom desempenho intelectual (geralmente meninas e meninos brancos) se apoderavam dos primeiros assentos. Quando, para ocuparmos os bancos da sala, combinávamos tomar como critério a estatura ou a ordem alfabética dos nomes, essa distribuição se modificava. Era o começo de um trabalho, orientado pelo sentido comum, que tinha como objetivo que, aquelas crianças negras não fossem "as últimas da sala", no sentido direto ou figurado. Foi estudando no Brasil que os trabalhos de pesquisadoras e militantes do movimento negro[15] me ajudaram a perceber que meninas e meninos negros chegam à escola carregando um duplo peso, uma dupla opressão: por um lado, sua situação de classe (carências materiais, desnutrição, desabrigo) e, por outro, sua situação étnico-cultural que significa uma história de rejeição, discriminação, desvalorização e exclusão que afeta seu desenvolvimento emocional e afetivo, repercutindo em seu processo de aprendizagem. Quantas vezes os meninos uruguaios terão ouvido: "não faças coisas de negros" ou "é negro, mas tem a alma branca!" Introjetando esse preconceito racial que os inferioriza, ou seja, sendo portadores da *sombra do opressor* (pensando sobre si e sobre eles, pensa a sociedade branca opressora-dominante)[16] e sem nenhum referencial positivo sobre sua própria cultura, essas meninas e esses meninos ingressam numa instituição escolar que valoriza costumes, comportamentos, linguagem, maneira de ser e visão de mundo da sociedade branca dominante. Em meio a tanta adversidade podem lutar por seu reconhecimento social e seu bom desempenho escolar? Podem estar preparados para responder à

---

[15] GONÇALVES E SILVA, Petronilha Beatriz. *Educação e identidade dos negros trabalhadores rurais do Limoeiro,* Porto Alegre: UFRGS, 1987 (Tese de Doutorado); OLIVEIRA, Rachel de: *Identidade do Negro Brasileiro: Implicação para a Educação de mulheres e homens negros e brancos,* Conferência apresentada no Seminário em Educação: O Negro Brasileiro, Educação e Cultura, PUC/RS, 1988.

[16] FREIRE, P. *Pedagogía del oprimido,* p. 38 e ss.

exigência de equilíbrio e maturidade emocional, de atitude racional para com aprendizagem e o comportamento social?

Nos cursos de magistério, nunca fui estimulada a refletir sobre a hegemonia de um pensamento único e suas consequências, nem sobre a negação da diversidade e da pluralidade que esse enfoque provoca, tanto na sociedade como na escola pública uruguaia; menos ainda sobre as possíveis semelhanças e diferenças de visões de mundo segundo a etnia, o gênero ou a situação de classe social. Contudo, guiada pela intuição e escutando minhas alunas e meus alunos, pude ir aprendendo e descobrindo como viviam e como sentiam o que viviam, pude conhecer seus valores, suas aspirações e seus sonhos. Ensaiando, errando às vezes, descobrindo ao refletir sobre a prática realizada, investigando com eles, aprendi que, expressando minha confiança neles e em seu trabalho, ou valorizando suas habilidades pessoais, estimulava-os a crer em si mesmos, a confiar em suas possibilidades intelectuais – que são as que a instituição escolar mais valoriza – e também em sua capacidade de viver e lutar por sua dignidade, ou seja, pelo reencontro consigo mesmos.

Geralmente, as meninas e os meninos se oferecem para colaborar com o mestre em tarefas simples que fazem parte do cotidiano escolar: levar a lista de presença à secretaria da escola, pedir um material didático a outro grupo, pôr água nas plantas, dar de comer aos peixes do aquário da classe etc. Muitas vezes, percebia que alguma mão negra queria erguer-se e oferecer seu serviço, mas algo a detinha. O rosto de meninas e meninos, brancos e negros,ficava iluminado quando indistintamente se solicitava sua cooperação, sua participação. Todos íamos, vivencialmente, descobrindo-nos e reencontrando-nos ao compreendermos que, todos e cada um, somos únicos e diferentes, que não há identidades superiores nem inferiores, e que não há espaços que sejam privilégios de uns ou de outros.

Certa vez, estudando a geografia e a cultura antilhanas, propus ao grupo de alunos que escutassem na voz do autor o poema "Sensemayá" e que simultaneamente acompanhassem com seus corpos a musicalidade dele. Choveram cartinhas de felicitações na carteira do aluno negro do grupo. Sem dúvida, isso não teria acontecido no primeiro dia de aula! Foi o resultado de um processo de aprendizagem e desmitificação dos preconceitos provenientes da sociedade, em relação à superioridade ou à inferioridade associadas a etnia.

Mas é possível valorizar de igual forma meninas e meninos brancos e negros?

Naturalmente, somente isso não muda a realidade total, mas é o início de um trabalho necessário, deles e nosso, para compreender as contradições, entender as causas que geram a exclusão e a marginalização e construir novos espaços de liberdade que iniciem e anunciem uma mudança que precisamos realizar: para sonhar a sociedade que queremos e organizar ações que possam mudá-la. Uma sociedade que – cada vez mais – assuma a diferença, a pluralidade, o respeito à diversidade como valores em si mesmos, para que seja mais justa, mais humana, mais inclusiva, onde caibamos todos.

Podem ser consideradas populares, significativamente democráticas e formadoras da cidadania uma sociedade e uma escola que apregoando a "igualdade de oportunidades" se esquecem de considerar o outro como "outro" e por isso negam a identidade cultural ou a ancestralidade "dos outros" que as frequentam? Ainda que seja muito difícil determinar a identidade cultural dos ancestrais daqueles que são portadores da carga genética ameríndia, não se pode negar o aporte cultural e o reconhecimento de quem nomeou grande parte da flora e da fauna da região e a região mesma. "Recordemos – diz Roberto Martínez Barbosa[17] – que o Uruguai é palavra guarani; cujo verdadeiro significado ainda se investiga. A acepção vulgar o dá como 'rio dos pássaros' mas, aparentemente, poderia ser também um termo ritual cuja tradução adaptável ao castelhano ainda não se estabeleceu."

A segregação étnica, como a social ou de gênero – que ocupa e significa cada um dos âmbitos da realidade – manifesta-se de múltiplas formas, uma das quais está embutida no que a escola inclui ou exclui dos conteúdos de estudo. Quando se faz referência a índios ou negros nas aulas de história, reconhece-se sua existência na época colonial, mas oculta-se sua realidade atual, suas lutas pela liberdade (como a de maio de 1803, quando organizaram uma sublevação e fugiram pretendendo chegar ao "Monte Grande" para formar "*uma República Negra Independente*"[18]), suas lutas pela terra, sua adesão à causa artiguista[19] e à construção do Uruguai artiguista, o aporte de sua cultura (mística e cheia de riqueza

---

[17] Transcrição e notas de "El aporte indígena a la población atcual" – conferência da Dra. Mónica Sans, Museu Municipal de arte pré-colombiana, Montevidéu, 16/8/94, p. 4

[18] BERAZA, Agustín. Amos y esclavos, Enciclopedia Uruguaya nº 9, Montevidéu, 1968, p. 166

[19] Segundo consta no Arquivo Artigas, tomo IV, Comissão Nacional Arquivo Artigas. Montevidéu, 1953, p. 298

espiritual, o *candombe*) à sociedade, sua longa resistência à escravidão, à colonização, à dominação, à discriminação, sua "participação ativa durante as Invasões Inglesas (1806-07), lutando não somente em defesa de Montevidéu, mas também indo a Buenos Aires em sua reconquista"[20], nas lutas pela independência nacional, por reivindicações sociais.

Nos textos escolares há falta de informação histórica sobre os uruguaios descendentes de africanos e indígenas, assim como sobre os mitos de ascensão social apregoados pelo capitalismo e pela democracia racial. Ou seja, a história oficial, aquela que é escrita pela classe branca dominante, não conta que na atualidade os negros continuam relegados, que continuamos sem assumir nossos ancestrais indígenas, e reforça a crença na igualdade de oportunidades para mulheres, homens, brancos e negros. Ao mesmo tempo – que esconde e desfigura a realidade – contribui para degradar a autoimagem que meninos e meninas negros ou indígenas têm de si mesmos, reforçando o sentimento de inferioridade que, desde a escravidão, os opressores introjetaram neles. Mas, ainda mais, o preconceito racial e a negação da conformação tri-híbrida de nossa população não apenas dificultam a construção da identidade cultural de meninas e meninos negros por falta de um referencial positivo, de um conhecimento verdadeiro de seus ancestrais e da autêntica apreciação dos valores de sua cultura, mas também impedem que meninos e meninas brancos, descendentes de imigrantes ou de indígenas construam e assumam sua identidade.

Se "não é a educação a que conforma a sociedade de certa maneira, mas a sociedade a que, conformando-se de certa maneira, constitui a educação de acordo com os valores que a orientam"[21] é um imperativo moral dos mestres possibilitar que o ato de conhecer e o processo mesmo de aprendizagem propiciem a formação de subjetividades críticas, solidárias, autônomas, criativas.

Pontos de partida para uma reflexão necessária e contemporânea orientada para a construção do futuro:

1) Pensar a escola e a sociedade a partir da plurietnicidade nos provoca e nos desafia a uma profunda reflexão de natureza ética cujo ponto de partida é:

---

[20] MONTAÑO, Oscar D. *Umkhonto. Historia del aporte negro-africano en la formación del Uruguay.* Montevidéu: Rosebud, 1997, p. 16.

[21] FREIRE, P. *La importancia de leer y el proceso de liberación.* México: Siglo XXI, 1984, p. 87-88.

a) o reconhecimento do "outro", a vítima negada pelo sistema que a produz, o que implica o reconhecimento da opressão;

b) assumir a responsabilidade por essa vítima, cuja presença exige solidariedade;

c) uma ação de transformação, de caráter dialético, que provoque uma mudança no individual e no social.

2) A diversidade cultural e o respeito à pluralidade implicam, para o mestre ou mestra:

a) o esforço pessoal e comunitário de conhecer-nos e de reconhecer-nos melhor, de conhecer nossas diversas raízes, nossas visões de mundo, nossos gostos e as maneiras de expressá-los;

b) a articulação do processo de aprendizagem a partir da visão de mundo, dos significados, dos valores e das práticas culturais dos alunos e das alunas;

c) estimular as comunidades étnicas, a recuperarem a memória da colonização e da escravidão, descobrirem suas raízes ameríndias ou africanas e conhecerem as histórias de seus antepassados.

3) Para a escola, o desafio de assumir o papel fundamental da educação é: a libertação. Para isso, a escola necessita criar condições para que os afetados (discriminados, inferiorizados, submetidos, excluídos) possam:

a) fazer a análise do modo de ser da comunidade e das condições de vida que os seres humanos têm nela;

b) participar da tomada de consciência de sua situação – o que possibilitará que assumam sua condição de negros e de descendentes de indígenas, que valorizem e compreendam seu modo próprio de ser na comunidade;

c) lutar – com responsabilidade, com humildade, com confiança no ser humano, com sentido crítico – por sua dignidade, pela afirmação e confirmação de sua identidade, por sua humanização e, assim, dialeticamente, libertar-se a si mesmos e libertar quem os discrimina.

Sem dúvida, as comunidades e os grupos étnicos – mediante uma ação dialógica, intersubjetiva e crítica – poderão ir reapropriando-se de sua voz para dizer sua palavra, para lutar e reivindicar seu direito de existir como mestiço, indígena ou negro e para decidir os rumos da comunidade e de seu destino.

OS AUTORES

ANETE ABRAMOWICZ

Professora adjunta do Departamento de Metodologia de Ensino da UFSCar e coordenadora da Unidade de Atendimento à Criança da UFSCar. Autora do livro *A menina Repetente*, Papirus, 1995, entre outras obras.

DAGMAR E. ESTERMANN MEYER

Doutora em Educação. Professora adjunta na Faculdade de Educação da Universidade Federal do Rio Grande do Sul, pesquisadora e coordenadora do Grupo de Estudos de Educação e Relações de Gênero (GEERGE) na mesma instituição. Autora do livro *Identidades traduzidas. Cultura e docência teuto-brasileiro-evangélica no Rio Grande do Sul*, EDUNISC, 2000.

HASSIMI O. MAIGA

Professor da *Southern University at New Orleans*.

JOYCE E. KING

Professora do *Medgar Evers College*.

MÁRCIA ONDINA VIEIRA FERREIRA

Doutora em Sociologia (Universidade de Salamanca – Espanha). Professora adjunta na Faculdade de Educação da Universidade Federal de Pelotas. Co-organizadora do livro *Fragmentos da globalização na educação*, Editora Artes Médicas, 2000.

NILMA LINO GOMES

Doutora em Antropologia Social/USP, professora da Faculdade de Educação da UFMG, autora do livro *A mulher negra que vi de perto*, Mazza Edições, 1995 e organizadora do livro *Antropologia e História: debates em região de fronteira*, juntamente com a professora Lilia K. M. Schwarcz, Autêntica, 2000.

PETRONILHA BEATRIZ GONÇALVES E SILVA

Doutora em Educação pela UFRGS, professora da Universidade Federal de São Carlos. Coautora do livro *O jogo das diferenças: o multiculturalismo e seus contextos*; Autêntica, 1998. Atualmente é membro da Câmara do Ensino Superior do Conselho Nacional de Educação.

ROSA HELENA DIAS DA SILVA

Doutora em Educação pela Faculdade de Educação/USP, professora da Faculdade de Educação da Universidade do Amazonas, assessora do Movimento dos Professores Indígenas da Amazônia.

SONIA STELLA ARAÚJO-OLIVERA

Mestra em Educação pela UFSCar e Doutora em Estudos latino-americanos da FFLY–UNAM.

Este livro foi composto com tipografia Times New Roman e impresso
em papel Off Set 75 g na Formato Artes Gráficas.